Elke Fuhrmann-Wönkhaus

Scheidungskinder

Was Kinder empfinden
Wie Eltern sich verhalten sollten

Bibliografische Information der Deutschen Nationalbibliothek
Die Deutsche Nationalbibliothek verzeichnet diese Publikation
in der Deutschen Nationalbibliografie; detaillierte bibliografische Daten
sind im Internet über http://dnb.ddb.de abrufbar.

ISBN 978-3-86910-601-4

Die Autorin: Elke Fuhrmann-Wönkhaus ist Dipl.-Sozialwissenschaftlerin, Erzieherin, Supervisorin DGS und ausgebildet in Familien-, Paar- und Psychotherapie
sowie Entspannungsverfahren. Sie arbeitet seit 20 Jahren psychotherapeutisch
mit Einzelpersonen, Familien, Paaren und Kindern in ihrer eigenen Praxis in
Wuppertal.

Originalausgabe

© 2009 humboldt
Ein Imprint der Schlüterschen Verlagsgesellschaft mbH & Co. KG,
Hans-Böckler-Allee 7, 30173 Hannover
www.schluetersche.de
www.humboldt.de

Lektorat:	Redaktionsbüro Punkt und Komma,
	Nathalie Röseler, Pliening
Covergestaltung:	DSP Zeitgeist GmbH, Ettlingen
Innengestaltung:	akuSatz Andrea Kunkel, Stuttgart
Titelfoto:	getty/Image Source
Fotos Innenteil:	CCvision
Satz:	PER Medien+Marketing GmbH, Braunschweig
Druck:	Artpress Druckerei GmbH, A-6600 Höfen

Gedruckt auf Papier aus nachhaltiger Forstwirtschaft.

Inhalt

Vorwort

Die Idee zu diesem Buch ist aus meiner 20-jährigen Praxiserfahrung entstanden.

Immer wieder begegnen mir die unterschiedlichsten Familienschicksale. Verzweifelte Klienten, Eltern und Kinder, die auf Unterstützung und Heilung hoffen.

Gerade in den letzten Jahren, da die Trennung und Scheidung der Eltern fast schon zur traurigen Normalität wird, möchte ich Ihre Familie mit diesem Buch unterstützen. Ihnen mögliche Wege aufzeigen, diese Lebenssituation zu verarbeiten.

Eltern leiden besonders, wenn es ihren Kindern schlecht geht. Sie machen sich Vorwürfe, haben Schuldgefühle und fühlen sich hilflos. Ich kann ihnen dann nur sagen, dass ich großen Respekt vor ihrer Elternschaft habe. Für die Liebe, die Verantwortung, für die vielen kleinen Selbstverständlichkeiten des Alltags, die Sorgen und die gesamte Erziehung. Einen kleinen Menschen ins Leben zu begleiten: für mich persönlich die größte Herausforderung im Leben.

Sie haben einem Kind das Leben geschenkt und nach ihrem Bestreben das für sie Richtige getan.

Es gibt keine Eltern, die alles wissen und alles richtig machen, das gehört zum Leben mit dazu. Wir sind alle nicht ohne Schattenseiten.

Mit diesem Buch möchte ich Ihnen die Hintergründe erklären, wie Kinder in Trennungssituationen fühlen. Darüber hinaus erfahren Sie Unterstützung und Klärung, die zu einer verbesserten Lebenssituation führt.

Elke Fuhrmann-Wönkhaus
Februar 2009

Einleitung

Eltern bleiben Sie ein Leben lang

Heilsame Lösungen für Ihr Kind bei Trennung und Scheidung

Mit diesem Buch möchte ich Eltern ansprechen, die sich gerade in einer Trennungs- oder Scheidungsabsicht befinden. Ebenso alle geschiedenen Paare, die noch keinen Frieden mit dem Partner geschlossen haben. Ich möchte Sie anregen, den Blickwinkel von sich selbst auf das Kind zu lenken, um somit neue, heilende Impulse für die ganze Familie zu geben.

Seit 20 Jahren arbeite ich psychotherapeutisch in meiner Praxis mit Kindern, Paaren, einzelnen Klienten und Familien. Gerade in der letzten Zeit erlebe ich eine Zunahme von Trennungen in den Familien. Immer wieder werde ich von verunsicherten und verzweifelten Müttern und Vätern gefragt: „Wie verhalte ich mich bei einer Trennung meinem Kind gegenuber?"

Aus dieser Fragestellung heraus habe ich beschlossen, ein Buch zu diesem Thema zu schreiben. Es soll einfach und verständlich sein und Ihnen unter anderem die Hintergründe der Gefühlswelt Ihres Kindes näherbringen.

Trennung und Scheidung bedeuten ein großes Leid für alle Beteiligten. Erwachsene haben die Möglichkeit, ihren Schmerz, die Wut, Trauer, Kränkungen und Hilflosigkeit bei Freunden in Gesprächen oder in einer Paarberatung auszuleben und zu verarbeiten. Sie können selbst aktiv werden, während den Kindern nur die passive und abwartende Position bleibt. In dieser schmerzhaften Phase werden die Kinder oft ohne Absicht noch zusätzlich belastet, indem sie zur Parteinahme für einen Elternteil in den Konflikt mit eingezogen werden. Das Kind gerät in einen inneren Interessenkonflikt, da es Mutter und Vater liebt. So fühlt es sich innerlich hin und her gerissen. Für die kindliche Seele gibt es kein Richtig oder Falsch. Die Mutter und der Vater haben ihm das Leben geschenkt. Es trägt die genetischen Anlagen und Eigenschaften beider Elternteile in sich.

Somit möchte ich Sie beide, Mutter und Vater, dazu einladen, trotz starker eigener Gefühle, gemeinsam als Eltern den Blick auf die Gefühle Ihres Kindes zu lenken, um somit Heilung und Frieden in die ganze Familie zu bringen.

Das Buch gliedert sich in drei Teile: Wir alle leben in Familiensystemen. Erst in der jeweiligen Ursprungsfamilie und später mit einem eigenen Kind in einer selbst gegründeten Familie. Um die jetzige Familiensituation besser verstehen zu können, gestatten Sie mir einen kurzen Exkurs in Ihre Herkunftsfamilie.

Der erste theoretische Abschnitt beleuchtet Ihre eigene Ursprungsfamilie. Darüber hinaus Ihre entstehende Paarbeziehung bis zur Familienbildung.

Es folgen Beispiele aus meiner psychotherapeutischen Praxis und im letzten Teil die Unterstützungsmöglichkeiten für Ihr Kind bei einer Trennung.

Das erste Kapitel bildet die Grundlage des Buches. Hier erläutere ich Ihnen die komplexen Zusammenhänge ihres Familiensystems, welche Ihre eigene Persönlichkeit geprägt haben. Dieser Einfluss wiederum findet sich in Ihrer später anschließenden Paarbeziehung und in der Kindererziehung wieder.

Meine Herkunftsfamilie

Wir alle haben Eltern, Mutter und Vater, die uns das Leben schenkten. Diese hatten auch Eltern und die wiederum ebenfalls uns so weiter.

Manche haben Geschwister, andere wiederum wuchsen als Einzelkind auf. Sie lebten in unterschiedlichen Ländern, kamen aus verschiedenen sozialen Verhältnissen.

Darüber hinaus bestimmten Wertvorstellungen, Normen, moralische, religiöse Instanzen den Alltag unserer Vorfahren. Ebenfalls beeinflussten die jeweiligen Lebensumstände, wie beispielsweise politische Situationen, Kriege, Krankheiten, Nöte, Tod, Liebe, Freude, Frieden, Glück und mehr die Beziehungen und Handlungsweisen der Familienmitglieder untereinander.

Im Laufe der Jahre bildeten Ihre Vorfahren viele Überlebensstrategien, die jetzt in Ihnen weiterleben. Eingebettet in das Familienschicksal prägt diese große Vielfalt an Erfahrungen Ihre eigene Persönlichkeit.

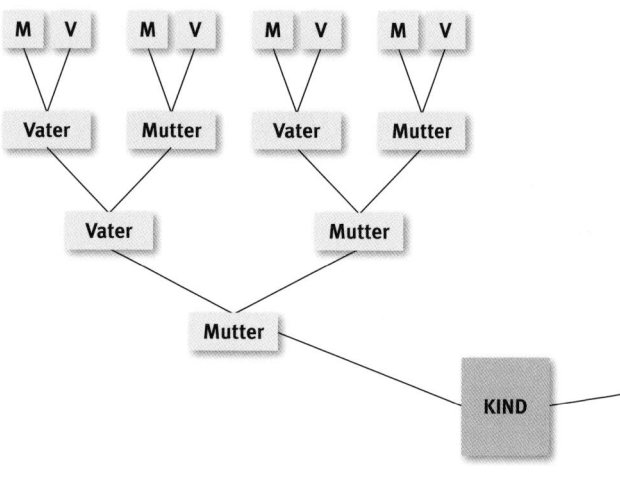

Und Ihre damit verbundenen Wünsche und Hoffnungen für die spätere eigene Familienbildung.

Nachdem Sie sich Ihrer Familiengeschichte bewusst geworden sind, möchte ich mich nachfolgend der Paarbeziehung widmen. Sie persönlich sind die Summe aller gelebten Erfahrungen aus Generationen Ihrer Familie.

Dann begegnen sich zwei Menschen, die jeweils ihre eigenen Familienerfahrungen mit in die Paarbezie-

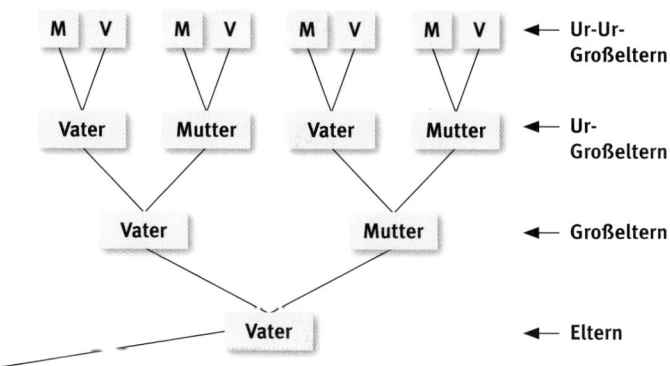

Die Herkunftsfamilien eines Kindes (ohne Geschwister).

hung bringen. Gründen sie eine eigene Familie, werden diese später an ihr Kind weitergeben.

Doch jetzt erst einmal weiter zur Paarbildung.

Das Paar findet sich

Vielleicht erinnern Sie sich noch daran, als Sie Ihrem Partner begegnet sind. An die Schmetterlinge im Bauch und seine vielen liebenswerten Eigenschaften, die Sie so glücklich gemacht haben. Sie haben viele

Dinge gemeinsam unternommen und die Welt neu entdeckt. Es war spannend, aufregend und ein wunderbares Lebensgefühl. Mit diesem Partner/dieser Partnerin schien einfach alles möglich zu sein. Die Zeit des ersten Verliebtseins verblasst kaum spürbar im Alltagsleben und es beginnt die Phase des näheren Kennenlernens. Sie schauen vielleicht bei Ihrem/r Partner/in genauer hin und entdecken nun die eine oder andere Schattenseite. Seine Persönlichkeit in der ganzen Vielfalt kommt zum Vorschein. Vielleicht können Sie jetzt die Schwächen und Stärken des Partners besser einschätzen. Findet zudem noch die Bewährung im Alltag statt, folgt oftmals der nächste Schritt: die Familienplanung.

Mit der Paarbeziehung haben Sie nun die Basis für eine Familie gelegt. Verläuft Ihre Paarbeziehung für beide zufriedenstellend, fühlen sich Ihre Kinder wohl und geborgen.

Die Familienplanung

Viele Vorsätze der Paare beginnen ganz harmonisch voller Träume, Sehnsüchte, Hoffnungen von einer eigenen Familie. Glücklich wollen sie sein, und das

Familienleben soll mit Harmonie und den besten Vor-
sätzen ausgefüllt sein.

Einige denken dann:
- „Ich mache es besser als meine Eltern!"
- „Meine Kinder sollen es besser haben!"
- „Diesen oder jenen Fehler werde ich vermeiden!"

Oder Sie hatten schon von Anfang an ein schlechtes
Gefühl, „aber wenn das Kind erst einmal da ist, wird
vieles in der Beziehung zu meinem Partner/meiner
Partnerin besser."

Oder Sie sind ungewollt schwanger geworden und
haben sich für Ihr Kind entschieden.

Vielleicht war Ihr Start als Paar und zur Elternschaft
aber auch ganz anders.

In der folgenden Abbildung möchte ich Ihnen verdeutlichen, in welchem komplexen Familiensystem Sie
leben. Darüber hinaus werden Sie die damit zusam-
menhängenden Verbindungen kennenlernen.

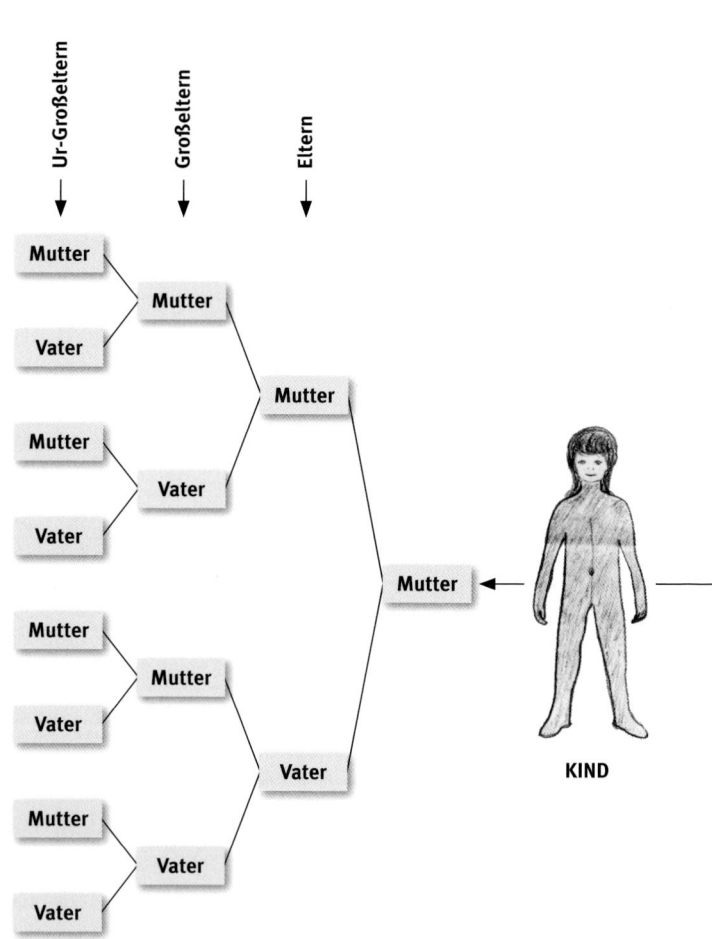

Das komplexe Familiensystem eines Paares.

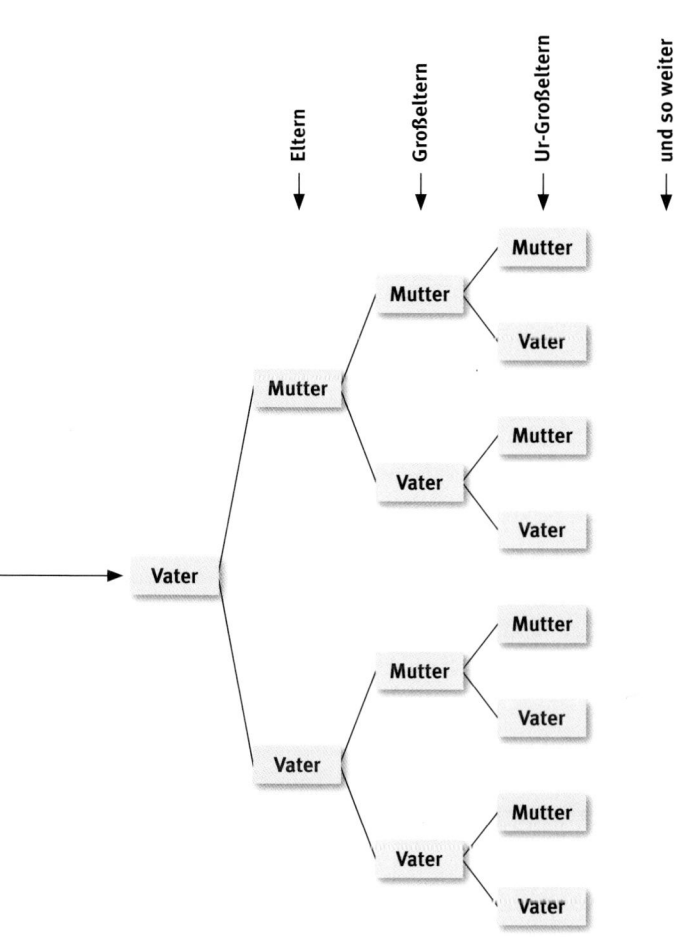

Mein Ziel ist es auch, den Partner im Zusammenspiel mit seinem Ursprungsfamiliensystem zu erkennen, um zu verstehen, dass größere Kräfte hinter ihm wirken.

Wie Sie erkennen können, steht hinter Ihrer Frau/hinter Ihrem Mann jeweils seine Familie. Seine Eltern, Großeltern, mögliche Geschwister und seine Ahnen.

Jede Familie hat dabei jeweils ihr eigenes Familienschicksal mit vielen gelebten Leben und den dazugehörigen Gefühlen und Erfahrungen wie Leid und Glück, Unrecht und Recht, Hoffnung und Trauer, Freude und Leichtigkeit, Krieg und Frieden, Gesundheit und Krankheit. Neben den gesellschaftlichen Einflüssen spielen ferner die Herkunft, der Beruf, die Religion, die Nationalität und die dazugehörigen Werte und Normen in der Familie eine große Rolle für das tägliche Miteinander.

Wie ich bereits erwähnte, sind Sie selbst die Summe aller familiären Erfahrungen, sie spiegelt sich in Ihrem Wesen und Ihrer Persönlichkeit wider.

Nachdem Sie Ihren Ursprung und somit den Blickwinkel erweitert haben, möchte ich Sie als Paar weiter begleiten.

Sie haben, wie hier im Beispiel, beschlossen, eine Familie zu gründen. Das erste Kind wird geboren und Sie sind Eltern. Sie haben etwas ganz Großartiges vollbracht. Sie haben das Leben Ihrer beider Familien weitergegeben und einem neuen Erdenbürger das Leben geschenkt. Das Kostbarste auf der Welt.

Aus dem Paar werden Eltern

Zu der Paarebene kommt jetzt die Elternebene hinzu.

MERKE
Das gemeinsame Kind wird Sie ein Leben lang miteinander verbinden.

Einen Großteil der Persönlichkeit eines Kindes prägen die Talente, Anlagen, Interessen, äußerlichen Merkmalen, gesundheitliche Dispositionen, Stärken und Schwächen seiner Eltern.

MERKE
Das Kind ist die Summe seiner Eltern.

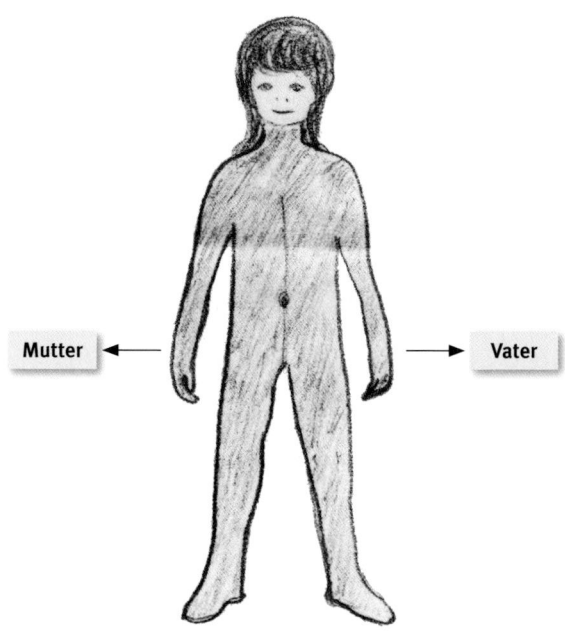

Das Kind ist je ein Teil von der Mutter und dem Vater.

Ein kleines Beispiel aus Ihrem Leben. Wie oft denken Sie:

- „Das hat mein Kind von mir oder von seinem Vater."
- „Ich erkenne mich in ihm wieder."
- „Er hat das gleiche verschmitzte Lächeln wie sein Vater."
- „Sie hat die wunderschönen Augen ihrer Mutter."

- „Sie ist so stur wie ihr Vater."
- „Er wird genauso schnell wütend wie seine Mutter."
- „Sie muss auch immer niesen, wenn sie in die Sonne guckt, wie ihre Mutter."

Sie erkennen in Ihrem Kind auch Talente und Eigenschaften Ihres Partners/Ihrer Partnerin wieder, beispielsweise die musikalische Begabung, das mathematische Verständnis, die künstlerische Ader oder sein/ihr sportliches Geschick, die Art und Weise, Probleme mit Ehrgeiz zu lösen, oder die Leichtigkeit und Unbeschwertheit, mit Herausforderungen umzugehen. Bei Problemen den Kopf in den Sand zu stecken oder leicht reizbar zu sein. Die gleichen Konzentrationsschwierigkeiten in der Schule zu haben, wie Sie es selbst früher erlebten.

Auch auf der körperlichen Ebene sind einige Merkmale Ihres Partners/Ihrer Partnerin wiederzuerkennen.

Sie kennen sicher alle die Bemerkung von Verwandten und Freunden:

- „Ganz der Vater!"
- „Ganz die Mutter!"

Die gleichen kräftigen Haare des Vaters. Die schönen Beine der Mutter. Die Körpergröße, die Augen, die Anlagen zu Übergewicht, die großen Füße, eben ganz besondere Merkmale von Mutter und Vater finden sich in Ihrem Kind wieder.

Ebenfalls hören wir von den guten Genen, die für eine stabile Gesundheit stehen. Aber auch krankhafte Dispositionen, wie beispielsweise Diabetes, Asthma, Fehlsichtigkeiten und vieles mehr werden an das Kind weitergegeben.

Ich könnte die Beispiele noch beliebig weiterführen. Ich glaube, Sie haben Ihren Partner/Ihre Partnerin in Ihrem Kind wiedererkannt.

Nachdem Sie wichtige Hintergründe über Ihr Familiensystem, das Paar und Ihr Kind kennengelernt haben, möchte ich im Anschluss einen Zeitsprung machen.

Es mögen einige Monate, Jahre vergangen sein und Ihre Paarbeziehung ist aus dem Gleichgewicht gekommen. Der oftmals schleichende Prozess der Entfremdung scheint unaufhaltsam, und es kommt zur Trennung.

Das Paar trennt sich – die ganze Familie leidet

In diesem Kapitel erörtere ich kurz die Gründe, die zu einer Trennung führen können. Ferner die gefühlsmäßige Lage des Paares in Trennungssituationen.

Darüber hinaus möchte ich Ihnen die unterschiedlichen Zusammenhänge und Gefühle des Beziehungsgeflechts der Familie in Trennungssituationen erklären.

Die häufigsten Ursachen für das Zerbrechen einer Paarbeziehung sind:

1. Ich habe den Kontakt zu dir verloren

Die Zweisamkeit als Paar ist aus den unterschiedlichsten Gründen nicht gepflegt worden.

Ich weiß nicht mehr was der andere fühlt, was ihn bewegt. Er ist mir fremd geworden.

Die Beziehung „FUNKTIONIERT" nur noch.

Besser: Im Kontakt bleiben und regelmäßige Treffen als Paar ohne Kinder vereinbaren.

2. Ich statt du

Es sind in der partnerschaftlichen Kommunikation oft Anklagen formuliert worden wie beispielsweise: „Du machst dieses oder jenes!" Hiermit werden Schuldzuweisungen transportiert, die beim anderen Widerstände hervorrufen.

Besser: „Ich wünsche mir …!"

Ein anderer Weg wäre es, ICH-Botschaften und Wünsche auszudrücken.

Jeder Partner/jede Partnerin ist für sich selbst verantwortlich und trägt zum Gelingen einer Partnerschaft bei.

3. Alles ist selbstverständlich

Den Partner/in als Selbstverständlichkeit anzusehen. Ihn/sie nicht zu würdigen und nicht Danke für die vielen Dinge zu sagen.

Besser: Den Partner/die Partnerin positiv sehen. Sie/ihn in ihrer/seiner Arbeit zu würdigen. Und dankbar für die vielen Kleinigkeiten innerhalb der Beziehung sein. Versuchen Sie, auch aufmerksam für die liebenswerten Eigenschaften ihres Partner/ihrer Partnerin zu sein.

4. Die Erwartungshaltung

„Ich erwarte von dir, dass du meine Bedürfnisse und Wünsche wahrnimmst, ohne dass ich dir etwas davon mitteile."

Dieser sogenannte Wunsch des „Hellsehens" führt zu Missverständnissen: Der/die andere liebt mich nicht, weil ihm/ihr die Bedürftigkeit und Wünsche nicht auffallen.

Besser: Den hellseherischen Partner/in gibt es nur im Märchen. Am besten, Sie formulieren Ihre eigenen Bedürfnisse. Außerdem dürfen Sie sich auch etwas wünschen, aber nicht erwarten.

5. Ich habe dir nicht mehr zugehört

Häufig meinen Partner genau zu wissen, was der andere zu einem Thema sagt. Das ist falsch. So reden die Menschen aneinander vorbei. Keiner fühlt sich richtig verstanden und wird mit der Zeit immer unzufriedener, bis er/sie denkt: „Es hat doch keinen Zweck, er/sie hört mir nicht richtig zu und versteht mich nicht!" Die Folge ist ein schleichender innerer Rückzug. Andere Kommunikationspartner betreten die Bühne.

Besser: Sich Zeit nehmen, dem anderen zuhören. Fragen Sie lieber einmal nach. Das signalisiert Ihrem Partner/Partnerin, dass Sie interessiert sind. Es entsteht Nähe, die den Nährboden für eine liebevolle Beziehung bildet.

Die Trennung des Paares

Die eigentliche Trennung des Paares ist immer ein Prozess, dem oftmals Jahre vorausgegangen sind. Es gab viele Auseinandersetzungen, Gespräche und Streitsituationen, die Hoffnung auf eine dauerhafte Lösung ist enttäuscht worden. Kompromisse und Versuche, die Beziehung zu retten, sind gescheitert.

Die Gründe für das Zerbrechen einer Beziehung sind sehr komplex und vielschichtig und bedürfen einer ausführlichen Analyse.

Es kann passieren, dass sich das Paar im Alltag verliert und nur noch durch die Pflichten funktioniert. Berufliche Verpflichtungen, Karriere, Kindererziehung, Schule, Hobbys und Haushaltsführung tragen zu einer großen Belastung bei. In diesem täglichen Stress können sich Mann und Frau als Paar verlieren. Dieser schleichende Entfremdungsprozess wird beendet, wenn die Leidensfähigkeit eines Partners ausgeschöpft ist. Einer beendet die Beziehung und leitet die Trennung oder Scheidung ein.

Besonders tragisch verlaufen Trennungen jedoch, wenn ein Partner/eine Partnerin sich innerlich verabschiedet und heimlich ein eigenes neues Leben aufbaut. Der Abschied vom Partner/in wird mit kleinen Schritten vollzogen, bis die Liebe ganz erloschen ist. Fühlt er/sie sich sicher, wird eine Trennung eingeleitet. Für den verlassenen Partner/Partnerin kommt diese Situation plötzlich und unerwartet. Er/sie versteht die Welt nicht mehr und fühlt sich oftmals hintergangen und traumatisiert. Das Grundvertrauen ist erschüttert. Er/sie fühlt sich alleingelassen und verletzt. Die Chancen für eine neue Belebung der Beziehung sind in diesem Stadium meist gering.

Einige unter Ihnen werden sich fragen: „Wie ist das überhaupt möglich?" Es passiert öfter als Sie denken. Beide Partner sind in ihrem Alltag so eingebunden, dass sie den anderen kaum noch wahrnehmen. Das Leben ist eingespielt, es funktioniert. Manche haben sich im Laufe der Jahre auch arrangiert. Bei einigen Paaren scheint diese Lebensform keine Konflikte aufzuwerfen. Bei anderen jedoch nimmt die Unzufriedenheit ganz schleichend zu, bis eine Resignation eintritt. An diesem Punkt findet eine Neuorientierung ohne den Partner statt. Die ersten Schritte mögen noch etwas unsicher sein, aber mit der Zeit gewinnt der sich trennende Partner an Sicherheit. Der Abschluss der alten Beziehung erscheint als letzte Konsequenz.

Da der andere Partner/die andere Partnerin den kleinen Veränderungen keine Beachtung beigemessen oder sie ganz einfach im Alltagstrubel verdrängt hat, fühlt er/sie sich überrumpelt.

Diese Beispiele verdeutlichen einige Möglichkeiten unter vielen. Gemeinsam bei Trennungen ist jedoch, dass das Paar irgendwann aufgehört hat, miteinander zu kommunizieren, und sich keinen Freiraum genommen hat, um sich über die eigenen persönlichen Gefühle auszutauschen. Auch gemeinsame Unternehmungen, Hobbys ohne Kind fanden keinen Raum.

Hier werden Sie sicher anmerken: „Wie soll das denn im Alltag auch funktionieren?"

Es gibt immer eine Möglichkeit: ein gemeinsames Abendessen, ein Tanzkurs oder einige Stunden voll Intimität bereichern eine Paarbeziehung.

Denn die Paarbeziehung ist besonders wichtig, da sie die Grundlage für eine Familie bildet. Sie muss beiderseitig gepflegt werden, ansonsten zerbricht die Beziehung im Alltag und es folgt die Trennung oder Scheidung.

MERKE
Beide Partner tragen jeder für sich am Scheitern oder Gelingen einer Beziehung bei. Es gibt in dem Sinne keinen „Schuldigen"

Durch eine Trennung gelangt die ganze Familie in einen gefühlsmäßigen Ausnahmezustand.

Oft erlebe ich in meiner Beratung die tiefe Verzweiflung, die beide Partner quält. Es finden Schuldzuweisungen auf beiden Seiten statt. Gegenseitige Kränkungen, Demütigungen, Wut Sprachlosigkeit und Gefühle der Hilflosigkeit kommen zum Vorschein.

Folgende Vorwürfe werden beispielsweise geäußert:
- „Hättest du damals nicht …!"
- „Wenn du nicht …!"
- „Du verstehst mich nicht!"
- „Du verletzt mich!"
- „Du trampelst auf meinen Gefühlen herum!"

Ich könnte noch Seiten füllen mit den rüdesten Anschuldigungen, die sich die Partner beiderseitig an den Kopf schmeißen, füllen. **Du**, **du**, **du** – der Partner wird verantwortlich gemacht für das Scheitern der Beziehung und das Leiden der Kinder. Die verlassene Partnerin/der Partner ist in ihrem/seinem tiefen Schmerz auf diese Weise sehr auf die eigene Person fixiert und mit den zugefügten Verletzungen beschäftigt. Sie kreisen in extremen Situationen nur noch um die eigene Person. Manchmal stehen die Menschen in der tiefen Verzweiflung dem Selbstmord sehr nahe.

In vielen Fällen ist kein Gespräch mehr möglich. In ihrer großen Verzweiflung greifen Eltern oft unbewusst auf ihre Kinder zurück und versuchen, diese auf ihre Seite zu ziehen.

MERKE
Es entsteht eine Parteienbildung.

An dieser Stelle möchte ich noch einmal an meine vorherigen Ausführungen erinnern.

MERKE
- Das Kind ist die Summe seiner Eltern.
- Es liebt natürlich beide, Mutter und Vater.
- Es ist im Grunde seines Herzens beiden treu.
- Alle Kinder dieser Welt wünschen sich,
  dass die geliebten Eltern zusammenbleiben.

Natürlich ist ein Zusammenbleiben nicht immer möglich. Sollte eine Trennung unumgänglich sein, bietet sie allen Beteiligten eine neue Perspektive.

Es ist nicht förderlich für die ganze Familie, an einer Beziehung festzuhalten und sich für das Kind zu opfern.

Es ist schmerzvoll genug für eine Familie, wenn eine Paarbeziehung zerbrochen ist, aber sollte ein Kind seine geliebten Eltern auch mit verlieren?

Für die ganze Familie findet eine Zeit der tiefsten, schmerzhaftesten Gefühle statt. Eine große Verunsicherung beginnt. Wie geht es weiter? Der Boden unter den Füßen tut sich auf, und die Situation bringt tiefe Urängste, Existenzängste zum Vorschein – und Ihr Kind ist inmitten dieser großen Gefühle.

Sie als Erwachsener können AKTIV werden. Bei Freunden, Arbeitskollegen, Eltern, Geschwistern, Psychotherapeuten, neuen Partnern/in Trost und Zuspruch finden. Sie haben die Möglichkeit, Ihre schmerzhaften Gefühle ausleben und nach Lösungen suchen.

Gehen Sie zur Ihrer besten Freundin oder einem Freund und schimpfen Sie über ihren Partner, lästern Sie, tun Sie alles, um Ihrem Ärger Luft zu machen. Lassen Sie sich bedauern, trösten und was Ihnen sonst noch gut tun mag. Aber:

MERKE

Verbergen Sie den Ärger über Ihren Partner und
die Trennung vor Ihrem Kind. Bleiben Sie Ihrem Kind
gegenüber sachlich.

In dieser kritischen Phase der Trauer wird das Kind im
wahrsten Sinne des Wortes oft leicht übersehen oder
nicht wahrgenommen. Für die Eltern ist es eine große
Entlastung, wenn die Kinder sich in den gewohnten
Lebensalltag einfügen und keine „Probleme" machen.
Ihr Kind scheint sich oberflächlich an die neue Situation anzupassen und wie gewohnt weiterzuleben. Es
geht zur Schule, trifft seine Freunde und spielt Fuß-
ball oder Klavier. Im Grunde genommen fühlt sich
Ihr Kind aber allein. Es fügt sich manchmal als Überlebensstrategie in das System ein, um es nicht noch
mehr zu belasten. Übersetzt mit kindlichen Worten
heißt das: „Ich möchte meiner Mutti oder meinem
Vati nicht noch mehr weh tun!"

Nachdem ich Ihnen die gefühlsmäßige Verstrickung
bei Paaren in Trennungssituationen dargestellt habe,
möchte ich nun auf die Gefühlslage Ihres Kindes ein-
gehen: wie Kinder Trennungen erleben, Beispiele aus

meiner Beratungsstunde geben sowie Lösungsmöglichkeiten aufzeigen.

Wie fühlt das Kind bei einer streitvollen Trennung der Eltern?

Wie bereits erwähnt, fühlt sich Ihr Kind in Trennungssituationen oft von den Erwachsenen alleingelassen. Kein Elternteil hat diese Absicht, aber es passiert, meist unbewusst und ohne dass Mutter oder Vater es bemerken. In dieser Phase möchte ich Sie beide bitten, Ihre Perspektive zu erweitern und Ihr Kind auch in seinem Leid zu sehen.

MERKE
Das Kind hat eine PASSIVE Rolle und ist absolut abhängig von den Verhaltensweisen seiner Eltern.

Das Kind versucht, sich anzupassen, den vermeintlich „schwächeren" Elternteil zu unterstützten, eine kleine Nische zu finden, um selbst mit der Situation zu leben.

Meine psychotherapeutische Arbeit mit Müttern, Vätern und Kindern hat mich tiefe Einblicke in das

Seelenleben der Menschen gelehrt. Aus diesem Grund möchte ich auch immer wieder mit großem Respekt auf Ihr Kind hinweisen, dass es Sie beide liebt und braucht.

Gut gelöste Trennungen sind ein langer Prozess, der auf allen Seiten Liebe, Geduld verlangt und auch erfordert, „über den eigenen Schatten zu springen".

Ich habe Achtung vor den tiefen Gefühlen eines Paares, das durch den Trennungsschmerz oft an die Grenze der Belastbarkeit geführt wird.

Aber trotzdem möchte ich nicht müde werden, immer wieder Ihre Aufmerksamkeit von sich selbst auf Ihr Kind zu lenken. Denn Sie sind beide auch Eltern.

Ich höre praktisch schon die Aussage „Aber der Vater (oder die Mutter) macht dieses oder jenes." Es mag sein, dass Ihnen nicht gefällt, wie sich Ihr ehemaliger Partner verhält. Äußern Sie Ihren Unmut jedoch vor dem Kind, dann verletzen Sie es nachhaltig.

Erinnern Sie sich an die Auseinandersetzungen, die Sie als Paar hatten? Hier machen Sie sich wieder gegenseitig Vorwürfe. Und das Kind rutscht aus dem Blickfeld. Sie setzen sich erneut nicht mit sich selbst und Ihrem Partner/Ihrer Partnerin auseinander. Diesmal liegt der Schwerpunkt auf der Frage: **„Was ist das Beste für unser Kind?"**

Bei allem Mitgefühl vor Ihrem Schmerz, möchte ich an die Liebe für Ihr Kind appellieren. Versuchen Sie selbst jetzt in dieser schmerzvollen Phase, den Vater oder die Mutter nicht negativ erscheinen zu lassen.

Ihren eigenen Unmut sollten Sie unbedingt mit Ihrem Partner alleine klären. Die Gründe für die Trennung betreffen Sie beide – und nicht Ihr Kind. Als Paar dürfen Sie sich streiten und auseinandersetzen. Auf der Erwachsenenebene, als Mann und Frau. Ihr gemeinsames Kind hat damit nichts zu tun. In Konfliktsituationen unterstützt es Sie als dem zu Tröstenden oberflächlich, aber was passiert in seiner kleinen Seele?

MERKE

Die Seele Ihres Kindes unterscheidet nicht nach gut und schlecht. Es liebt beide, Mutter und Vater.

Um eine gesunde Persönlichkeit aufzubauen, braucht ein Kind beide Elternteile. Und Sie wollen beide doch bestimmt auch, dass es Ihrem Kind gut geht. Dass es durch diese schmerzhafte Phase hindurchgeführt wird, Mutter und Vater als liebende Eltern behält und sich somit positiv weiterentwickeln kann.

Gestatten Sie mir an dieser Stelle noch einen kleinen Rückblick auf Ihre eigene Kindheit:

Auch als Eltern waren Sie einmal Kind

In meiner psychotherapeutischen Praxis unterstütze ich meine Klienten auf dem Weg zur inneren Heilung. Das zentrale Thema auf diesem Weg sind immer die Eltern. Um wirklich frei und zufrieden zu sein, bedarf es der Versöhnung mit der Mutter und dem Vater, dem Annehmen der Eltern und des gesamten Familienschicksals so wie es war und ist.

Die Liebe bringt wirkliche Freiheit. Hassgefühle binden Sie noch mehr, und Sie können die vielen positiven Eigenschaften der Eltern nicht annehmen. Es gibt an dieser Stelle stets heftige Proteste und Widersprüche meiner Klienten nach dem Motto: „Wenn Sie wüssten, was ich alles erleben musste." „Meine Mutter und mein Vater haben mir dieses oder jenes angetan." Und so weiter. Sie haben mein tiefstes Mitgefühl, aber Ihre Seele liebt Ihre Eltern und sehnt sich nach Versöhnung. Der Weg zur Heilung von Beziehungen beginnt mit dem Annehmen der Eltern so wie sie sind, denn sie sind Eltern – Ihre.

Auch Ihre Eltern waren einmal Kind. Sie haben Mutter und Vater. In ihrer Kindheit haben sie viele unterschiedliche Erfahrungen gemacht – jeder von uns hat als Kind Streitsituationen oder sogar die Scheidung der Eltern miterleben müssen. Und vielleicht erinnern Sie sich daran, wie Sie sich in diesen Situationen gefühlt haben. Oft werden die eigenen Erfahrungen tief verdrängt, weil sie sehr schmerzhaft waren.

Wie empfindet Ihr Kind?

Erinnern Sie sich an die Zeichnung:

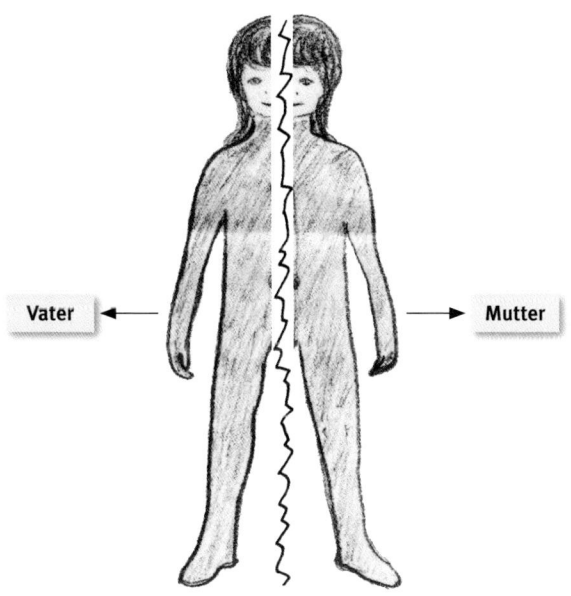

Die Illustration spricht eigentlich für sich.

MERKE

Kinder werden in Streit- oder Trennungssituationen unbewusst zur Parteinahme für einen Elternteil verführt.

In der kindlichen Seele passiert nun folgender Konflikt, wie die Zeichnung es verdeutlicht.

Bitte lassen Sie die Zeichnung auf sich wirken und fühlen sich in Ihr Kind ein.

Was empfinden Sie?

Ihr Kind fühlt sich im wahrsten Sinne des Wortes zerrissen. Da es beide, Mutter und Vater, liebt, kommt es in einen enormen, unbewussten Gewissenskonflikt.

Das Kind wird nicht mehr in seiner Bedürftigkeit als Kind gesehen, sondern als Erwachsener. Als Freundin oder Freund, je nach Alter des Kindes.

Ihr Kind kann vier, sieben, zehn, zwölf, 15 Jahre alt sein, es bleibt Kind und fühlt als Kind.

Die Seele eines Kindes hat eine ganz andere Bedürftigkeit, als der äußere Schein zum Ausdruck bringt.

Im Äußeren passen sich die Kinder den familiären Situationen an. In ihrem Inneren suchen sie unbewusst nach Überlebensstrategien, die für alle Beteiligten, auch nach vielen Jahren, große Probleme mit sich bringen können.

Wenn Sie sich trennen, erlebt Ihr Kind Angst, Trauer, Hilflosigkeit, Wut und Verzweiflung. Manchmal führen diese starken Gefühle auch zu Selbstmordabsichten, um den Schmerz nicht mehr zu spüren. Oft fühlt es sich sogar schuldig. Irrationale Fantasien werden ausgedrückt:

- „Wenn ich dies oder jenes anders gemacht hätte, wäre der Papi noch bei uns oder die Mutti hätte sich anders verhalten!"
- „Ich habe etwas falsch gemacht."

Kinder sind in diesen Situationen absolut allein. Keine Freundin oder Freund kann sie auffangen und ihnen zuhören. Darüber hinaus verfügen Kinder auch nicht über die vielen Ressourcen und Ausdrucksmöglichkeiten, die Ihnen als Erwachsenem zur Verfügung stehen.

Da die Trennung eines Paares ein Prozess ist, der manchmal über Jahre andauert, erlebt das Kind die Auseinandersetzungen mit. Kinder sind das schwächste Glied in einer Familie. Sie sind sehr sensitiv und nehmen Stimmungen, unausgesprochene Wörter früher wahr, als Sie denken.

Auswirkungen auf Kinder bei Trennungen

- Das Kind passt sich auf einer Ebene den Erwachsenen an, verliert aber den Zugang zu seiner Bedürftigkeit als Kind. Es fällt den Eltern vielleicht erst gar nicht auf, wie es ihrem Kind wirklich geht. Es hat sich ja in die Familiensituation eingefügt und die scheinbar beste Lösung für sich gefunden.

- Hier handelt es sich aber nicht um eine konstruktive Lösung, sondern um eine Überlebensstrategie. Erst spätere Folgeerscheinungen weisen darauf hin. Je nach persönlicher Anlage und Temperament können nachfolgende Störungen in der Kindheit, Pubertät und im Erwachsenalter die Folge sein.

- Die Kinder können beispielsweise mit psychosomatischen Beschwerden, Konzentrationsschwierigkeiten, Wutanfällen oder auffälligem Sozialverhalten anderen Kindern gegenüber reagieren.

- Verzweifelte Eltern sagen mir manchmal, dass sie ihr Kind nicht mehr wiedererkennen. Es ist ihnen fremd und vollkommen unverständlich geworden.

Lassen Sie mich im folgenden Kapitel einige Beispiele aus meiner Arbeit aufzeigen, die Ihnen deutlich werden lassen, welche unterschiedlichen unbewussten Strategien die kindliche Seele findet.

Beispiele aus meiner psychotherapeutischen Praxis

In diesem Kapitel schildere ich Ihnen typische Einzelfälle von Kindern, die durch die Trennung ihrer Eltern psychische Störungen entwickelten.

Problem: Das Kind entwickelt psychosomatische Störungen, damit die Eltern sich nicht streiten

Nathalie ist sieben Jahre alt und Einzelkind. Die Eltern leben in ständigem Streit miteinander. Die Beziehung hängt an einem seidenen Faden Das Kind entwickelt eine starke Neurodermitis. Aus diesem Grund schläft es bei den Eltern. Die Eltern sind besorgt um das Kind und rücken es in den Mittelpunkt. Die Streitsituationen haben dadurch an Wichtigkeit verloren. Streit regt Nathalie so sehr auf, dass sie ihrem Körper durch Kratzen offene Wunden zufügt. Verschwinden die Symptome der Neurodermitis, streiten die Eltern wieder – und alles beginnt von vorne.

Dies ist ein typischer Fall von Konfliktverschiebung. Nathalie opfert sich für ihre Eltern. Dieser einfache Kunstgriff greift sofort bei Streitsituationen der Eltern untereinander. Wird Nathalie krank, solidarisieren sich die Eltern und verdrängen die Probleme auf der Paarebene. Die Familie bleibt zusammen. Würde Nathalie geheilt, träten die Konflikte des Paares in den Vordergrund. Es könnte zu einer Trennung kommen.

Lösung:

Nathalies Eltern kamen zu einer Beratungsstunde. Als ihnen ihre Paardynamik deutlich wurde, setzten sie sich als Paar auseinander. Die Beziehung war durch starke Verletzungen und Vertrauensbrüche in den letzten Jahren zerbrochen. Bei aller Trauer und Schmerz war es für beide eine Art Befreiung und Erleichterung, der Wahrheit ins Auge zu blicken. Die Trennung folgte. Nathalie wurde liebevoll in den Trennungsprozess mit einbezogen. Ihren Schmerz und ihre Trauer konnte sie bei beiden Elternteilen leben. Mittlerweile ist ein Jahr vergangen und Nathalie hat keine Neurodermitis mehr.

Ich mache immer die Erfahrung, dass die Wahrheit heilt. Oft ist es mit großem Schmerz verbunden. Wird dieser jedoch akzeptiert und gelebt, dann erfolgt die Heilung. Dieser Prozess dauert natürlich seine Zeit.

Problem: Rollenwechsel – der Junge wird zum Partnerersatz

Ich hatte einen tragischen Fall von Rollenverschiebung in meiner Praxis. Leon, elf Jahre, wurde nach der Scheidung zum Partnerersatz für die Mutter. Er durfte immer öfter im früheren Ehebett übernachten und wurde auch im täglichen Alltag zunehmend der engste Vertraute der Mutter. Sie besprach alle Sorgen und Probleme mit ihm und beklagte sich über seinen Vater. Im Einzelnen wurden die Eheprobleme erörtert und am Vater kein gutes Haar mehr gelassen.

Leon passte sich der Situation an und war der brave Sohn, auf den die Mutter stolz war. Er vernachlässigte Freundschaften und wurde langsam zum Einzelgänger.

Was passierte in der kindlichen Seele von Leon?

Er unterstützte die schwache und zutiefst gekränkte Mutter, der nach ihren Worten großes Unrecht vom

Vater widerfahren ist. Der Mutter Trost und Halt zu geben, machte ihn auf der einen Seite vielleicht sogar richtig stolz. So groß zu sein, zu den Erwachsenen zu gehören, ist in seinem Alter schon sehr verführerisch.

Ich gemeinsam mit der Mutter gegen den Vater.

Ganz solidarisch ließen sich Mutter und Sohn über den Vater aus. Leon war in seiner Rolle als Partner und Beschützer der Mutter gefangen. Kinder opfern sich aus Liebe für ihre Eltern und unterstützen meist den schwächeren Part.

Dadurch dass Leon sich ganz auf die Seite der Mutter gestellt hatte, verlor er den Kontakt zum Vater. Hätte er es in dieser Situation nur gewagt, dessen Namen auszusprechen oder Kontakt zu ihm aufzunehmen, hätte sich die Mutter verraten gefühlt. Das löste in Leon Schuldgefühle aus.

Darüber hinaus hatte Leon Angst, seine Mutter zu verärgern und sie somit auch zu verlieren.

Es schien keine Lösung zu geben, und so passte sich Leon der Situation an.

Was macht Leon mit seiner natürlichen Sehnsucht zum Vater? Er verdrängte sie. Seine unterdrückten Gefühle fanden jedoch ein Ventil. Er verschloss sich immer mehr und zog sich in seine eigene Welt zurück. Die lebendigen aktiven Gefühle wurden unterdrückt. Er wurde zum Einzelgänger.

Darüber hinaus war Leon auch noch ein Kind von elf Jahren und kein kleiner Erwachsener. Er war mit seiner Rolle als Partnerersatz komplett überfordert.

Lösung:

Die Mutter von Leon machte bei mir eine Psychotherapie. Sie fand die Kraft und den Mut, sich mit ihrer Familiensituation auseinanderzusetzen. Ihre tiefen Verletzungen aus der Partnerschaft konnten aufgearbeitet werden. Langsam nahm ihr Selbstwertgefühl zu. Ihr gelang es auch, Leon mit kleinen Schritten loszulassen. Er entwickelte sich allmählich vom Erwachsenen zurück zum Kind. Der Kontakt zum Vater wurde ganz behutsam aufgenommen. Leon ist lebendiger geworden.

Problem: Rollenwechsel – das Mädchen wird zur Vermittlerin zwischen den Eltern

Melanie, zwölf Jahre, hat zwei Geschwister (fünf und sieben Jahre alt). Die Eltern stehen kurz vor der Scheidung, nachdem sie längere Zeit um ihre Ehe gekämpft hatten. Jetzt hatte die Frau beschlossen, die Trennung zu vollziehen.

Der Vater machte Melanie, die Älteste der Geschwister, zur seiner engsten Vertrauten. Jedes kleine Detail der Auseinandersetzungen mit der Mutter wurde mit Melanie besprochen. Gemeinsam entwarfen sie Strategien, die Mutter zum Einlenken zu bewegen. Melanie gab dem Vater Tipps und sprach ihm Mut zu, nicht aufzugeben. Das Mädchen kam in eine Vermittlerrolle zwischen den Eltern. Es wurde zum Sprachrohr des Vaters. Der Vater bemühte sich sehr um seine Frau und versuchte auf allerlei Weise seine Liebe auszudrücken. Er schenkte Blumen, wollte mit ihr einen Tanzkurs besuchen oder ein romantisches Wochenende zu Zweit unternehmen. Alle verzweifelten Versuche des Vaters schienen zu scheitern.

Der Vater suchte daraufhin wieder die Unterstützung von Melanie. Er drückte seine Trauer und Wut bei ihr aus.

Den Vater so hilflos und traurig zu sehen, löste in Melanies Augen Folgendes aus: Die Mutter wurde als herzlos und egoistisch gesehen, weil sie alle Angebote ablehnte und auf die Trennung bestand.

Melanie stand ganz auf der Seite des Vaters und lehnte die Mutter wütend ab.

Die Sehnsucht nach der Mutter blieb unbewusst vorhanden und löste bei Melanie eine deutliche Verschlechterung in der Schule aus. Außerdem drängte sie sich immer mehr in den Vordergrund und wurde zum Klassenclown.

An diesem Beispiel wird auch wieder deutlich, dass Kinder sich automatisch auf die Seite des Verlassenen, also scheinbar „Schwächeren" stellen. Melanie kann als Kind nicht verstehen und ertragen, dass die Mutter sich vom Vater trennt, da dieser doch so bemüht und liebenswert ist.

Aussprüche wie:

- „Meine Mutter hat die Familie zerstört!"
- „Sie hat uns alle nicht mehr lieb!"
- „Sie will uns nicht mehr!"

werden von Kindern oft ausgesprochen. (Es spielt dabei keine Rolle, ob es sich hierbei um den Vater oder die Mutter handelt. Die Sätze sind gleich.)

Auch hier findet die Lösung in der Kommunikation auf der Paarebene statt.

Lösung:

Die beiden Erwachsenen setzten sich über ihre Beziehung auseinander, ohne die Kinder mit in den partnerschaftlichen Konflikt einzubeziehen. Melanies Eltern kamen zu mir in die Beratung und lösten ihre Konflikte, indem sie lernten, miteinander zu sprechen. Darüber hinaus wurden ihnen die Verstrickungen von Paar- und Elternebene bewusst.

Dieser Prozess dauerte lange und bedurfte viel Geduld bei allen Beteiligten.

In Laufe der nächsten Monate verbesserte sich Melanie in der Schule. Sie wirkte bei aller Trauer um die Scheidung der Eltern gelöster und freier. Sie konnte wieder Kind sein.

Problem: Die Geschwister wurden aufgeteilt

Ein weiterer Fall, den ich hier vorstellen möchte, handelt von vier Geschwistern: Anna, acht Jahre, Maria, zehn Jahre, Torben, vier Jahre, und Julius, 14 Jahre alt.

Auch in dieser Familie ist es zur Scheidung gekommen. Vorausgegangen war eine Zeit des Streites der Eltern, die ihre Kinder aktiv mit einbezogen haben.

Außer Julius wollten alle Kinder bei der Mutter bleiben.

In der Phase danach kam es zu heftigen Streitereien um die Kinder. Beide Elternteile versuchten, die Kinder zu beeinflussen und auf ihre Seite zu ziehen. Der Konflikt eskalierte, als die Mutter einen neuen Lebensgefahrten fand.

Julius brach zu diesem Zeitpunkt empört jede Kontaktaufnahme zur Mutter ab. Er erklärte sich mit seinem Vater solidarisch und zog zu ihm in die Wohnung.

Julius sah seine Mutter durch die Augen seines Vaters. Dieser fühlt sich durch seine Frau sehr verletzt und ungerecht behandelt. Er stand der neuen Lebenssituation eifersüchtig, wütend und hilflos gegenüber. In seinen Augen machte sich seine ehemalige Partnerin ein schönes Leben mit einem neuen Partner. Für ihn war kein Platz mehr.

Julius fühlte sich zerrissen. Er liebte schließlich beide Elternteile.

Auf der einen Seite unterstützte er seinen Vater und opferte dafür die mütterliche Seite. Hätte er seiner Sehnsucht nachgeben und sich erlaubt, seine Mutter zu lieben, wäre das einem Verrat am Vater gleichgekommen. Also entschied er sich unbewusst für den angeblich „schwächeren" Partner, damit dieser in seinem Leid nicht alleine blieb.

Julius hielt diesen emotionalen Spagat nicht länger aus. Er entwickelte heftige psychosomatische Bauchschmerzen. Mit diesen Auffälligkeiten kam der Vater zu mir in die Praxis.

Lösung:

Ich habe längere Zeit mit Julius Vater gearbeitet. Er drückte seine tiefsten Verletzungen aus und war nach einiger Zeit bereit, sich mit seiner früheren Frau auseinanderzusetzen.

Die Lösung war, wie bei den anderen Beispielen auch, die Trennung der Paar- und Elternebene.

Beiden Elternteilen lag das Wohl ihrer Kinder so sehr am Herzen, dass sie eine gute Vereinbarung für alle Beteiligten getroffen haben.

Julius wohnt weiterhin bei seinem Vater. Er kann jedoch ohne schlechtes Gewissen jederzeit seine Mutter und die Geschwister besuchen.

Ebenfalls haben jetzt die anderen Kinder auch die Möglichkeit, mit ihrem Vater Unternehmungen zu starten.

Nach einem halben Jahr ließen die Bauchschmerzen von Julius nach.

Problem: Die Mutter opfert sich für ihr Kind – und das Kind fühlt sich schuldig

Ein weiteres Beispiel aus der Psychotherapiestunde: Daniel, 16 Jahre, kam zu mir, weil er stets bedrückt und ängstlich war. Es stellte sich heraus, dass er Schuldgefühle seiner Mutter gegenüber hegte. Er könne doch nicht glücklich sein, wenn diese in einer unglücklichen Familiensituation lebte. Sie erkläre Daniel in Gesprächen, dass sie seinen Vater nur nicht verlassen würde, damit er in einer Familie aufwachsen könne. Manchmal träume sie davon, wie ihr Leben ohne seinen Vater verlaufen wäre.

Die Mutter hatte sicherlich nur das Allerbeste für ihren Sohn gewollt, aber genau das Gegenteil war eingetroffen: Er fühlte sich schuldig am Unglück seiner Mutter.

Auf eine einfache Formel gebracht, bedeutet die Aussage der Mutter:
„Wenn es mich nicht gegeben hätte, wärest du glücklicher geworden!"

Zusätzlich sah Daniel seinen Vater durch den Blickwinkel der Mutter. Dadurch unterdrückte er seine

Liebe und Sehnsucht zum Vater. Falls er nur ansatzweise den Versuch gestartet hätte, seinen Vater positiv erscheinen zu lassen, hätte er seine Mutter verraten. In seinen Augen hätte sie darunter noch mehr gelitten, also versuchte er, sie zu beschützen und seine Schuld ertragbar zu machen.

Lösung:

In Gesprächen mit Daniels Mutter wurde ihr klar, wie sehr Daniel gelitten hatte. Ihr wurde vieles bewusst. Sie begann nach einigen Therapiesitzungen ihr Leben neu zu ordnen und ihren Lebenstraum zu leben. Mit 40 Jahren machte sie eine Kosmetikausbildung und arbeitet jetzt stundenweise. Innerhalb weniger Monate gab sie ihre Opferrolle auf und wurde aktiver. Sie entwickelte neue Interessen. Parallel dazu verbesserte sich die Beziehung zu ihrem Mann. Vorsichtig fand eine Annährung statt. Daniel hat sich in der Zwischenzeit zu einem aufgeschlossenen jungen Mann entwickelt, der jetzt sein Abitur macht.

In diesem sehr positiven Beispiel fühlte sich die Frau regelrecht befreit, als sie ihre lähmende Opferrolle aufgegeben hatte.

Ein weiterer Fall aus meiner Praxis soll Ihnen verdeutlichen, wie sich ein mangelndes Interesse des Vaters auf sein Kind auswirkt und welche entscheidende Rolle die Mutter dabei spielt.

Problem: Die Mutter verhindert den Kontakt zum Vater und der Vater verliert das Interesse am Kind

Max war 18 Jahre alt, als er bei mir mit einer Psychotherapie begann. Er litt unter Angstzuständen. In seiner Familiengeschichte findet sich die Ursache:

Max wurde als absolutes Wunschkind geboren und lebte in einer Familie. Im Alter von vier Jahren trennten sich die Eltern, die Mutter bestand auf ein alleiniges Sorgerecht und zog mit ihrem Kind in eine andere Stadt. Sie unterband jeglichen Kontakt zum Vater. Die Jahre vergingen und Max hatte immer große Sehnsucht nach seinem Vater, der für ihn auf völlig unverständliche Weise einfach verschwunden war.

MERKE

Kinder fragen sich, ob sie etwas falsch gemacht haben, dass ein Elternteil die Familie verlassen hat.

So auch Max: Unbeantwortbare Fragen quälten seine Seele. Die Mutter hüllte sich in Schweigen, und oberflächlich gesehen schien der Vater keine allzu große Rolle mehr zu spielen. Ganz aktuell wurde die Beziehung zwischen dem Jugendlichen und seinem Vater jedoch wieder vor einem Jahr. Max wollte Jura studieren (wie der Vater) und benötigte finanzielle Unterstützung. Zu diesem Zeitpunkt verwies ihn die Mutter an den Vater und gab ihrem Sohn die Adresse. Es kam zu einer unliebsamen Begegnung zwischen Vater und Sohn. Der Sohn fühlte sich nicht geliebt und unterstützt. Er wollte wenigstens, dass der Vater jetzt seinen Pflichten nachkommt. Der Vater andererseits fühlte sich ausgenutzt und als Marionette seiner früheren Partnerin.

Hier standen sich auf sehr tragische Weise familiäre Verstrickungen gegenüber.

Der Vater sah seinen Sohn gar nicht. Er war immer noch in den starken, unverarbeiteten Kränkungen seiner früheren Partnerin gefangen. Die Verletzungen müssen so schmerzhaft gewesen sein, dass er diese auf seinen Sohn übertrug. Er wollte diese Zeit einfach vergessen.

Ganz deutlich wird an diesem Beispiel, wie die Mutter dem Sohn den Zugang zum Vater verwehrt hat. Vielleicht fühlen Sie sich angesprochen und meinen, das Kind solle doch nur geschützt werden vor dem möglicherweise negativen Einfluss des Vaters. Manchmal mag es wirklich Gründe dafür geben. Oftmals sind es aber Kränkungen auf der Paarebene, die diese Auswirkungen mit sich bringen. Menschliche Verletzungen stellen für viele Menschen einen Freibrief für Handlungen dieser Art dar, die später ungewollte Defizite für das Kind mit sich bringen. Denn die Handlungsweisen entspringen nach vielen Berichten meiner Klienten/innen der Liebe.

Darüber hinaus erfolgte noch eine weitere Irritation in der Seele des jungen Mannes: Er begann seine Mutter abzulehnen und sogar unterschwellig zu hassen, weil sie ihm den Zugang zum Vater verweigert hatte.

In der Konsequenz verlor der Junge beide – die Mutter und den Vater.

Lösung:

Die optimale Lösung wäre auch hier, dass die Eltern gemeinsam einen Kontakt und Austausch auf der Paarebene finden würden. Manchmal passiert das auch noch nach Jahren und wirkt auf alle Beteiligten heilend.

Besonders tragisch verlaufen Trennungen, wenn ein Partner/eine Partnerin das alleinige Sorgerecht hat und dieses aus persönlichen Verletzungen aus der Partnerschaft ausnutzt.

Wie bereits erwähnt, verhalten sich Menschen aus emotionalen Verletzungen heraus oftmals sehr extrem. So kann es durchaus passieren, dass ein Partner sich an dem anderen rächen möchte.

Der betrogene Partner schlägt erbarmungslos zurück und entzieht dem Kind den Kontakt zum anderen Elternteil. Aus dieser machtvollen Position heraus kann der Kontakt zum Vater oder zur Mutter ganz unterbunden werden. Es können dem Kind Unwahrheiten aufgetischt werden. Da es diesem Elternteil bedingungslos vertraut, glaubt es dessen Aussagen.

Geht es so weiter, so hat das für die gesamte Familie schwerwiegende Folgen. Das Leid für alle Beteiligten ist programmiert.

Das Kind wird spätestens im Erwachsenenalter den Kontakt zum anderen, verleugneten Elternteil suchen. Es wird von der Sehnsucht und vielen unbeantworteten Fragen getrieben, seine Wurzel zu finden. Kommt es zum Kontakt, folgen Erklärungen. Jetzt beginnt das Kind, den anderen Elternteil dafür zu hassen. Es fühlt sich verraten und betrogen. Die Kinderzeit ist verstrichen, ohne die geliebte Mutter/den geliebten Vater. Unwiederbringlich verloren.

Die Ausführungen oben beziehen sich nicht auf Elternteile, die ihrem Kind großen Schaden zuteil werden lassen. Beispielsweise bei sexuellem Missbrauch, Misshandlung an Körper und Seele tritt eine andere Möglichkeit im Verhalten des Kindes in Kraft, die aber an dieser Stelle nicht ausgeführt werden soll. Die oberste Priorität hat natürlich immer der Schutz des Kindes.

Problem: Das Kind wird zum Gegenstand von Erpressungen

Manchmal kann es passieren, dass ein Elternteil sein Kind zum Gegenstand einer Erpressung macht:

„Falls du nicht bei mir bleibst, wirst du dein Kind nicht aufwachsen sehen!"

Aus einer tiefen Verletzung und einem Ohnmachtsgefühl eines Partners heraus, ist das der oftmals letzte verzweifelte Versuch, den anderen an sich zu binden. Unter dem Vorwand, das Kind brauche eine Familie, werden diese Verhaltensweisen gerechtfertigt und von dem näheren Umfeld sogar unterstützt.

Hier handelt es sich um einen klassischen Fall von Verstrickungen.

MERKE
Die Paarbeziehung kann nicht durch ein Kind gerettet werden.

Erinnern Sie sich bitte an die Eingangskapitel und die Trennung und Unterscheidung von Paar und Elternebene:

Jede Paarbeziehung sollte freiwillig sein.

Das Leid des Kindes
motiviert die Eltern zur Veränderung

Im Folgenden verdeutliche ich den Eltern die Gefühlslage ihres Kindes bei verletzenden Trennungen. „Wie
fühlt unser Kind, wenn wir uns streiten, uns beschimpfen, uns verletzen, uns trennen und so weiter?
Der/die aufmerksame Leser/in erinnert sich an die
zahlreichen Beispiele aus dem vorherigen Kapitel.

Viele Mütter und Väter sind durch die Klärung der
Gefühlslage ihres Kindes sehr berührt. Durch diesen
Erkenntnisprozess können die ersten kleinen Schritte
zur Heilung vollzogen werden.

Möglicherweise werden Sie folgende Einwände haben:
- „Mein Mann (oder meine Frau) geht erst gar nicht
  zu einer Beratung."
- „Ich stehe völlig allein mit diesem Problem da."
- „Macht das überhaupt einen Sinn, allein etwas zu
  unternehmen?"

Natürlich! In meiner täglichen Arbeit unterstütze ich
auch Einzelpersonen, sprich Vater oder Mutter. Fan-
gen Sie bei sich persönlich an. Die Vorgehensweise ist
ähnlich wie bei Eltern. Sie blicken mit Liebe auf Ihr

Kind und trennen in der Kommunikation mit ihrem/r Partner/in die Paar- und Elternebene. Darüber hinaus beleuchte ich gleich einige weitere theoretische Hintergründe zu diesem Thema.

Der Weg zur Heilung ist ein langer Prozess und bedarf bei allen Beteiligten Geduld und Liebe. Es gibt unterschiedliche Phasen der Trennung. Erst ist der Schmerz so groß, dass viele denken, es geht nicht mehr weiter. Wird die Beziehung geklärt und verarbeitet, ist wieder Wachstum möglich.

Hier noch einmal kurz zur Erinnerung:
- Wir leben alle in einem Familiensystem.
- Jede Familie hat ihr eigenes Schicksal.
- Werden Mann und Frau ein Paar, dann kommen die gesamten Erfahrungen der Familien zusammen. Diese geben sie später an ihr gemeinsames Kind weiter.
- Kein Mensch ist allein verantwortlich für das Scheitern der Beziehung. Ein komplexes Zusammenspiel vieler Faktoren ist der Auslöser.
- Es kommt auf die Trennung der Paar- und Elternebene an.

Ohne Zweifel gibt es für eine Familie nichts Schöneres, als zusammenzuleben als Vater, Mutter und Kind.

Sollte jedoch ein Partner aus den unterschiedlichsten Gründen heraus die Paarbeziehung beenden, hilft keine Erpressung. Er fühlt sich unter Druck gesetzt, sodass er häufig die Beziehung zum anderen Elternteil und dem Kind beendet. In meinen Therapiesitzungen erzählen mir Menschen, die Opfer einer Erpressung wurden, dass sie große Angst vor einer Abhängigkeit hätten. Falls sie sich auf die Spielregeln des anderen einlassen und erst einmal eine emotionale Bindung zu ihrem Kind aufbauen würden, gäbe es kein Zurück. Sie würden ihr Leben für das Kind opfern und wären dem anderen ausgeliefert. (Häufig werden hier die Weichen nach einer ungewollten Schwangerschaft gestellt, falls der Vater nicht bereit ist, eine Familie zu gründen.)

Einige werden an dieser Stelle denken: „Soll er sich doch opfern!"

Meine Frage an Sie: „Wie wird sich Ihr Kind fühlen, wenn es später erfährt, dass sich ein Elternteil geopfert hat?" Außerdem: Wie fühlt es sich in dieser Familienatmosphäre?

Ich denke, diese Fragen können Sie sich mittlerweile selbst beantworten.

Auch wenn es sehr schmerzhaft ist, kann die Lösung nicht Rache und Machtmissbrauch dem Partner gegenüber sein.

Nehmen Sie mit ihrer ganzen Liebe Ihr Kind in den Fokus und schenken Sie ihm den Vater oder die Mutter. Als Paar sind Sie getrennt, aber als Eltern immer verbunden.

Diese Entwicklung braucht viel Zeit. Kontakt, Gespräche und Auseinandersetzung sollten beiderseitig folgen mit dem liebevollen Blick auf Ihr gemeinsames Kind.

MERKE
Das Kind lernt, aus einem schweren Familienschicksal kraftvolle Ressourcen zu entwickeln.

Problem: Fehlende Würdigung durch die Eltern

Lassen Sie mich mit einem weiteren Beispiel fortfahren, welches Ihnen deutlich werden lässt, wie sehr Kinder ihre Eltern lieben.

Der nun folgende Fall soll verdeutlichen, wie ein schweres Schicksal eine positive Wendung genommen hat:

Petra ist 16 Jahre alt und wird im Rahmen einer Familien unterstützenden Maßnahme vom Jugendamt betreut. Die Eltern leben getrennt. Der Vater wohnt in einer anderen Stadt. Er hat kein Interesse an seinem Kind. So lebt Petra also mit Unterstützung der Sozialarbeiterin bei ihrer Mutter. Da die Mutter zu depressiven Phasen neigt, fühlt sie sich mit Petra überfordert. Sie weist das Mädchen in ein Heim ein und bezieht eine sehr kleine Wohnung, in der ein Aufenthalt für Petra nicht mehr vorgesehen ist.

Durch die positive Unterstützung der Sozialarbeiterin verbessern sich Petras schulischen Leistungen zusehends. Sie nimmt ab und wird ein attraktiver Teenager. Petra bemüht sich in vielen anderen Lebensbereichen mit dem Ziel, dass ihre Mutter stolz auf sie ist und sie liebt.

Beim nächsten Besuch bei der Mutter kommt es zum Eklat: Die Mutter würdigt die gravierenden Fortschritte ihrer Tochter nicht. Petra ist zutiefst enttäuscht und wird wieder rückfällig. Sie schwänzt die Schule und stopft sich mit Süßigkeiten voll. Das Gewicht schnellt in die Höhe.

Lösung:

Mit Unterstützung der Sozialarbeiterin gelingt es Petra, sich mit ihrer Familiengeschichte auseinanderzusetzen, den ausgelösten Schmerz durch die Ablehnung von Mutter und Vater schrittweise anzunehmen, sich der Realität zu stellen. Sie wird sicher immer Defizite haben, aber auf der anderen Seite auch viele positive Strategien entwickeln, die aus genau dieser Lebensgeschichte entstanden sind.

Es vergingen Monate, und Petra machte eine sehr positive Entwicklung durch. Ganz langsam nahm sie die ihr zur Verfügung stehenden positiven Ressourcen ihrer Eltern an, würdigte diese und entwickelte eigene Fähigkeiten. Ein Leben lang werden sie die Trauer und der Schmerz um den Verlust der Eltern begleiten, aber sie lernt jeden Tag mehr, damit umzugehen. Was die Eltern ihr nicht geben konnten, lernt sie ansatzweise von anderen Sozialpartnern.

Im Laufe der Jahre hat sie gelernt, sich über ihre Erfolge zu freuen. Aber es bleibt es der kleine Wermutstropfen, dass ihre Eltern es nicht würdigen können. Das wirft sie aber nicht mehr aus der Bahn.

Petra ist jetzt 20 Jahre alt und studiert Sozialpädagogik. Sie lebt im Studentenwohnheim und hat einen Freund. Sie ist nicht mehr abhängig von der Reaktion ihrer Eltern.

Ich mache immer wieder die Erfahrung, dass Menschen mit einem schweren Schicksal sich später zu kraftvollen Persönlichkeiten weiterentwickeln können.

Nachdem ich im vorherigen Teil den kindlichen Empfindungen Raum gegeben habe, möchte im Anschluss die unterschiedlichen Gefühle von Frau (Mutter) und Mann (Vater) beispielhaft in Trennungssituationen darstellen.

Trennung: Die Gefühle von Frauen und Männern

Zusammenfassend möchte ich nochmals erwähnen, dass kein Partner allein für das Misslingen einer Beziehung allein verantwortlich zu machen ist. Es ist die Summe vieler Faktoren, die zum Scheitern führt. Der Trennung sind viele Auseinandersetzungen vorausgegangen. Es ist ein langer, schleichender, kaum spürbarer Prozess, bis es zu einer endgültigen Trennung kommt.

Mein Anliegen ist es immer, den gesamten Hintergrund zu sehen. Das Schicksal und die jeweilige Herkunft der Familie unter allen Aspekten zu beleuchten.

Das menschliche Verhalten, die Rolle und das spätere Kommunikationsmuster werden in der Familie gelernt. Es hat Wachstumspotenzial, aber auch Grenzen.

In Trennungs- und Scheidungsphasen kommt es zu den tiefsten und schmerzhaftesten Gefühlen, die Menschen erleben. Diese Verletzungen werden sehr individuell verarbeitet. Jeder Partner leidet auf seine ganz persönliche Weise. Er versucht nach seinen zur Verfügung stehenden Fähigkeiten, die Situation zu lösen. Aus meiner 20-jährigen Praxiserfahrung heraus, kann ich nur bestätigen, dass jeder Mensch versucht, sein Bestes zu geben.

Da Männer und Frauen genetisch unterschiedlich ver anlagt sind, findet eine Problemverarbeitung natürlich geschlechterspezifisch anders statt.

Frauen haben die Fähigkeit, ihre Gefühle auf unterschiedliche Art und Weise auszudrücken. Sie teilen sich ihren besten Freundinnen mit, sind wütend, weinen, klagen, lassen sich trösten, sich bedauern oder suchen einen Psychotherapeuten auf. Sie lassen ihre schmerzhaften Gefühle heraussprudeln und können somit das Geschehene verarbeiten.

Die Männer hingegen machen es ganz anders. Oberflächlich betrachtet, suchen sie sich manchmal sehr schnell eine neue Partnerin, arbeiten mehr und leben ihren Alltag scheinbar ganz normal weiter.

Das mag in manch einem Fall auch zutreffen, doch es gibt auch viele andere Fälle.

Gestatten Sie mir an dieser Stelle einen kurzen Einblick in die männliche Psyche, denn auch Männer leiden unter einer Trennung.

In den Psychotherapiestunden oder in der Paarberatung mit Männern erlebe ich oft eine große Hilflosigkeit, ihre Gefühle auszudrücken. Sie versuchen es, aber es gelingt ihnen häufig nicht, weil sie einfach nicht wissen, wie. Aus diesem Gefühl der Ohnmäch-

tigkeit heraus greifen sie oft zu anderen Verhaltensweisen wie beispielsweise der Verdrängung. (Die Verdrängung ist ein Schutz für die Seele, um den Schmerz
zu lindern.)

Das heißt aber nicht, dass sie nicht leiden. Nur ist es
im Alltag nicht bemerkbar und wird dann voreilig als
leichtfertiger Umgang der Situation interpretiert.

Dieser unterschiedliche Ausdruck an Schmerzempfin-
den stellt in Trennungssituationen reines Dynamit dar.
Hier wird nämlich verglichen:

Wer leidet mehr?

Geht es dem einen Partner scheinbar gut, fühlt sich
der andere noch schlechter. Sätze wie beispielsweise:

- „Der/die hat mich nie richtig geliebt! Ich bin ihr/
  ihm nichts mehr wert!"
- „Der/die macht sich ein jetzt ein schönes Leben!"
oder
- „Der Mohr hat seine Schuldigkeit getan, der Mohr
  kann gehen!"
höre ich immer wieder.

Mehrfach beobachtete ich, dass Männer eine Trennung für sich als ein persönliches Versagen erlebten. Sie konnten trotz innerer Anstrengung die Partnerin oder das Kind nicht glücklich machen. Andere wiederum haben ein schlechtes Gewissen und vermeiden den Kontakt mit der gesamten Familie.

Die Verhaltensweisen sind beiderseitig so komplex und unterschiedlich, dass ich nur einige wenige Beispiele zur Verdeutlichung erwähnen möchte.

Problem: Entzug des Kindes

Herr Marx (der Name ist natürlich geändert), den ich stellvertretend für viele andere Männer aus meinen Psychotherapiestunden vorstellen möchte, kommt zu mir in die Therapiestunde, weil er kaum noch Kontakt zu seinem sechsjährigen Sohn Tim hat. Herrn Marx quälen große Schuldgefühle. Er fühlt sich persönlich für das Scheitern seiner Ehe verantwortlich. Nach zehn Jahren Ehe gleicht sein Leben einem Scherbenhaufen. Er hatte versucht, auf seine Art die Beziehung zu retten. Ganz verzweifelt habe er sich bemüht seine Frau zu verstehen, erzählte er. Sie sei ihm immer fremder geworden. Frühere gemeinsame Interessen seien ihr zu langweilig geworden. Er habe das Gefühl, dass sie eine andere Sprache spreche. Das Alltagleben sei schwer und öde gewesen. Er habe nur noch funktioniert. Dann lernte er seine jetzige Partnerin kennen und verliebte sich. Ein völlig neues Lebensgefühl sei entstanden. Genießen könne er sein neues Glück jedoch nicht, da er Sehnsucht nach seinem Kind habe.

Wird der Schmerz zu groß, gehe er in die Kneipe, um ein Bier zu trinken, oder zum Sport. Nur nicht darüber nachdenken, sonst werde er verrückt, sagt er. Bei seiner neuen Partnerin verschließt er sich immer mehr. Herr Marx ist verzweifelt und spricht von Hilflosigkeit und dass er das alles nie so gewollt habe.

Kommt es, wie letztes Mal, zu einem Treffen mit Tim, dann fühlt er sich verunsichert. Seine Exfrau gibt ihm Ratschläge für den Umgang mit dem Sohn. Hier fühlt er sich wie schon in seiner Ehe bevormundet. Außerdem plagen ihn Schuldgefühle seiner früheren Frau gegenüber. Diese Mischung aus sehr schmerzhaften Gefühlen wiederum veranlassen Herrn Marx, die nächsten Treffen abzusagen. Verzweifelt äußert er sich:

„Am liebsten möchte ich dann Tim auch nicht mehr sehen, da er mich an mein Versagen und meine Frau erinnert."

Somit gerät Herr Marx in einen inneren Konflikt, der sich durch starke Schlafstörungen bis hin zum Magengeschwür äußert.

Auch wenn es sicher noch zahlreiche andere Beispiele gibt, zeigt das Verhalten und Denken von Herrn Marx doch sehr deutlich, wie Männer mit Trennungen umgehen.

Ich möchte noch einmal deutlich machen, dass alle Menschen durch ein Beziehungsgeflecht miteinander verbunden sind. Ihre Verhaltensweisen werden dadurch unbewusst beeinflusst. Die Menschen sind in schmerzhaften Lebensphasen sehr stark auf ihre Person fixiert. Sie suchen sich in ihrer Verzweiflung eine Unterstützung, wie hier in diesem Beispiel das Kind. Es findet eine Unterscheidung von Gut und Böse statt. Rollenverteilungen von Opfer und Täter werden vorgenommen. In Paarkonflikten werden die Schuldzuweisungen wie Pingpongbälle hin und her verteilt. Jeder versucht, den anderen anzuklagen.

Lösung:

Der Weg zur Lösung beinhaltet jedoch die Auseinandersetzung mit sich selbst und dem Partner oder der Partnerin.

Jeder Mensch muss erst bei sich selbst beginnen.

In meiner Rolle als Therapeutin blicke ich mit Liebe und ohne Wertung auf die Paare und deren Familien und unterstütze sie in ihrer Kommunikation und auf ihrem Weg zum inneren Frieden.

In den vorherigen Kapiteln konnten Sie lesen, wie Ihr Kind sich bei einer disharmonischen Trennung oder Scheidung fühlen könnte. Darüber hinaus bin ich auf die möglichen Gefühle des Partners oder der Partnerin eingegangen, um Ihnen einen anderen Blickwinkel zu ermöglichen. Vielleicht habe ich Ihr Verständnis und Ihr Interesse wecken können.

Im Anschluss möchte ich nun Lösungen, die der Heilung des Paares, des Kindes und zu guter Letzt der ganzen Familie zugutekommen, aufzeigen.

Der Weg zur Heilung

In den nun folgenden Abschnitten werde ich neben dem theoretischen Hintergrund auf die unterschiedlichen Schritte, die zu einer Verbesserung der Familiensituation führen, hinweisen.

Ich werde oft von Müttern und Vätern gefragt: Wie verhalten wir uns in der Trennungsphase unserem Kind gegenüber? Hilflos und überfordert mit der zurzeit ausweglosen Situation kommen sie zur Beratung. Andere wiederum haben erst später den Weg zu mir gefunden, da ihr Kind in der Schule auffällig geworden ist oder an psychosomatischen Krankheiten leidet.

Hilfe für Kinder

Die Eltern sind in großer Sorge. Als Paar getrennt, scheint sie in diesen Momenten die Liebe zu ihrem Kind auch als Eltern zu verbinden. Der eigene Schmerz tritt in den Hintergrund. Der Blick ist auf das geliebte Kind gerichtet.

In diesem Augenblick sind die meisten Eltern bereit, ihr Verhalten zu überdenken.

Viele Paare vergessen, dass sie über ihr gemeinsames Kind ein ganzes Leben miteinander verbunden sind. Ihre Partnerschaft kann gelöst werden, aber nicht die Elternschaft. Die gemeinsame Sorge um das Wohlbefinden ihres Kindes wird im positiven Fall dem Kind zugutekommen.

> **MERKE**
> Durch das sichtbar gewordene Leid des Kindes sind die Eltern motiviert und wollen die Situation verändern.

An dieser Stelle verdeutliche ich den Eltern die Gefühlslage ihres Kindes bei verletzenden Trennungen. „Wie fühlt unser Kind, wenn wir uns streiten, uns beschimpfen, uns verletzen, uns trennen und so weiter?" Bitte erinnern Sie sich an die Beispiele aus dem vorherigen Kapitel.

Viele Mütter und Väter sind durch den Erkenntnisprozess sehr berührt. Dadurch können die ersten kleinen Schritte zur Heilung vollzogen werden.

MERKE

Der Weg zur Heilung ist ein langer Prozess und bedarf bei allen Beteiligten Geduld und Liebe.

ZUR ERINNERUNG

- Wir leben alle in Familiensystem. Jede Familie hat ihr eigenes Schicksal.
- Werden Mann und Frau ein Paar, kommen die gesamten Erfahrungen der Familien zusammen. Diese geben sie später an ihr gemeinsames Kind weiter.
- Kein Mensch ist allein verantwortlich für das Scheitern der Beziehung. Ein komplexes Zusammenspiel vieler Faktoren ist der Auslöser.
- Als Paar können Sie sich trennen, aber Eltern bleiben Sie ein Leben lang!
- Es kommt auf die Trennung der Paar- und Elternebene an.

Treffen sich Mutter und Vater zu einem Gespräch, dann sollten sich beide bemühen, ihr Kind im Vordergrund zu sehen. Als positive Klammer können sie bei Auseinandersetzungen an das Bild und die Gefühle ihres geliebten Kindes denken.

Also noch einmal kurz zur Erinnerung: Alles was Sie als Paar betrifft, sollte nur unter Ihnen beiden besprochen werden. Sie dürfen sich auseinandersetzen und streiten. Ihre Kinder sollten Sie dabei jedoch nicht beobachten und hören können.

Versuchen Sie, Ihren Partner vor Ihrem Kind nicht in einem schlechten Licht erscheinen zu lassen

Bei allen tiefen Verletzungen auf beiden Seiten: Versuchen Sie, Ihrem Kind nichts von den Schattenseiten Ihres Partners zu erzählen. Vermeiden Sie Aussagen wie:

- „Deine Mutter ist eine Spinnerin."
- „Dein Vater ist ein Versager."

Macht Ihr Kind einen Fehler, dann sagen Sie ihm nicht:

- „Du bist genau wie deine Mutter, alles was du anfasst, geht schief!"
- „Du bist genau so unzuverlässig wie dein Vater!"

Sie alle kennen diese Sätze. Manchmal werden Sie diese vielleicht bereits unkontrolliert gesagt oder zumindest gedacht haben. An den oben aufgeführten Beispielen wird deutlich, dass Ihr Kind Sie immer sowohl positiv als auch negativ an Ihren Partner erinnern wird. Denn Sie sind seine Mutter und sein Vater.

Sie sind über eine Verhaltensweise, einen Blick, eine Geste an Ihren Partner erinnert worden und reagieren nun auf ihn, durch Ihr Kind.

Ihr Kind fühlt sich in diesem Moment von Ihnen abgelehnt. Wiederholen sich solche Aussagen, dann identifiziert sich Ihr Kind immer mehr damit und verstärkt somit seine Verhaltensweise, die Sie angesprochen haben.

Verstärkung aus dem Familienverbund

Im großen Schmerz neigen manche Eltern dazu, sich Verstärkung aus dem familiären Umfeld oder im Freundeskreis zu suchen. Hier werden beispielsweise die eigenen Eltern mit ins Boot genommen. So unterstützen diese oft die eigene Tochter oder den eigenen Sohn, indem Sie einen Elternteil vor ihrem Enkel im schlechten Licht erscheinen lassen.

- „Dein Vater ist keinen Pfifferling wert!"
  oder
- „Aus dir kann gar nichts werden; genau wie deine Mutter!"

Auch für Großeltern ist es empfehlenswert, dem Enkel nichts Negatives über seine Mutter oder seinen Vater zu erzählen. Wie Sie mittlerweile aus zahlreichen Beispielen wissen, fühlt sich das Kind dann verletzt.

Auf der Erwachsenenebene können Sie sich über Ihre Verletzungen natürlich aussprechen, aber ohne Ihr Kind mit einzubeziehen.

MERKE
- Ihr Kind liebt Mutter und Vater.
- Seine Seele unterscheidet nicht nach Gut und Böse, nach Recht und Unrecht.
- Kinder möchten stolz auf ihre Eltern sein.

Ein weiterer Schritt zur Heilung Ihres Kindes ist der liebevolle Blick auf den Vater oder die Mutter.

Auch wenn es noch so schwer und fast unmöglich scheint, schauen Sie auf die positiven Seiten Ihres Partners. Sie werden hier vielleicht protestieren, aber es ist wirklich eine sehr heilsame Methode. Es ist sicher schon lange her, dass Sie etwas Positives mit Ihrem Partner oder Ihrer Partnerin erlebt haben. Versuchen Sie, durch die Augen Ihres Kindes zu schauen, und lassen Sie sich überraschen, was Ihnen einfällt. Auch wenn es viel Überwindung kostet, versuchen Sie es in kleinen Schritten. Wenn Sie Ihrem Kind diese positiven Eigenschaften seines Vaters oder seiner Mutter mitteilen, wird es sich freuen und seine kleine Seele gesunden.

Ich kann mir Ihre Zweifel vorstellen. Sie meinen, es könnte künstlich und unglaubwürdig wirken – aber das stimmt nicht. In Ihrer großen Verletzung wollen Sie nur das Negative sehen, weil Sie sich im Recht glauben.

„Er/Sie hat mir aber dieses oder jenes angetan." Das mag durchaus der Wahrheit entsprechen. Es gibt aber auch eine andere Seite. Ihr Partner/Ihre Partnerin hat durchaus positive und liebenswerte Seiten, sonst hätten Sie sich damals wohl kaum in ihn/sie verliebt.

Vielleicht hat Ihr Partner/Ihre Partnerin auch durchaus positive Eigenschaften als Mutter oder Vater, die Sie in dieser Phase aber völlig ausblenden. Versuchen Sie, sie Ihrem Kind nicht vorzuenthalten. Auch wenn es in Ihren Augen nur einen kleinen positiven Ansatz gibt, lassen Sie es Ihr Kind wissen.

Für die kindliche Seele ist es einfach unerträglich, nur die Schattenseite seines geliebten Vaters oder der geliebten Mutter zu hören. Ein netter Kommentar, ein freundliches Wort über die positiven Eigenschaften des Elternteils sind Balsam für traurige und verunsicherte Kinder.

Dazu ein kurzes Beispiel aus meiner Praxis:

Frau Wirt und ihr Mann haben sich im Streit getrennt. Sie lässt im wahrsten Sinne kein gutes Haar an ihrem Mann. Boris, der neunjährige Sohn, leidet sehr unter der Trennung und reagiert mit Wutanfällen. Nach mehreren Therapiesitzungen versucht Frau Wirt ganz zaghaft, Boris von seinem Vater kleine positive Dinge zu erzählen.

Sie berichtete mir: „Das Kind hat das Gesagte wie ein Schwamm aufgesogen und seine Augen haben dabei gestrahlt!" Den restlichen Tag sei er sehr ausgelassen gewesen!

Für Frau Wirt war diese Erfahrung ein richtiges Schlüsselerlebnis. Ihr Kind so ausgelassen zu sehen, half ihr weitere besondere Fähigkeiten des Vaters zu erwähnen. Das konstruktive Verhalten von Frau Wirt bewirkte bei dem Vater von Boris ebenfalls eine positive Veränderung, die Situation entspannte sich.

Dieses Beispiel soll stellvertretend auch für den umgekehrten Fall, also die Ablehnung eines Elternteils, stehen. Das Kind leidet natürlich in gleicher Weise, wenn der Vater die Mutter negativ darstellt. Zudem ist hier sehr gut erkennbar, dass eine positive Reaktion seitens der Mutter den Vater ebenfalls milder stimmt. So kann es wie in diesem Fall zu einer Verbesserung der Beziehung führen. Alle Beteiligten profitieren von der liebevolleren Sichtweise.

Mutter oder Vater: Wer liebt das Kind mehr?

Das Streiten nach dem Motto „Wer macht es besser in der Erziehung?" oder „Wer ist besser?" erübrigt sich nach der Lektüre dieses Buches eigentlich von selbst.

Das Kind braucht Mutter und Vater und die dazugehörigen Eigenschaften und Fähigkeiten gleichermaßen. Es wäre heilsam für alle Beteiligten, wenn sie wieder den Blick auf ihr gemeinsames Kind richten, verbunden mit der Frage:

„Wie fühlt sich das Kind, wenn Sie als Mutter und Vater in Konkurrenz treten?"

Die Lösung liegt auf der Hand. Jeder Elternteil gibt das, was er an Eigenschaften und Fähigkeiten zu geben hat. Somit wird Ihr Kind vollständig und bekommt genau das, was es für seine Entwicklung benötigt.

Nur nebenbei: Vielleicht kann ein Elternteil dem Kind mehr an Liebe und Fürsorge schenken. Das gibt ihm aber nicht das Recht, das „wenige" des anderen Elternteils schlechtzumachen.

MERKE

- Das Kind ist die Summe von Mutter und Vater. Es liebt beide Elternteile.
- Die Kinder sind in der Liebe zu ihren Eltern absolut treu.

Kinder haben anderes als wir Erwachsenen kein Wertesystem von Richtig und Falsch. Sie lieben ihre Eltern so wie sie sind.

Auseinandersetzungen der Partner über die zugefügten Verletzungen innerhalb der Beziehung führen zur Heilung.

In der Beratungsstunde kommen an dieser Stelle häufig gravierende Einwände:

- „Warum soll ich denn damit anfangen?"
- „Mein Partner/meine Partnerin macht weiter wie vorher."

Sie machen es nicht für Ihren Partner/Ihre Partnerin, sondern nur für sich selbst und Ihr Kind. Denn der Weg zur Heilung bedeutet auch für Sie, irgendwann einmal Frieden mit sich selbst und Ihrem Partner zu schließen. Das bedeutet, sich auch mit Ihren eigenen Anteilen, die zur Trennung geführt haben, auseinanderzusetzen.

Das hören die meisten Menschen natürlich nicht gerne. Es soll immer der andere Schuld sein, er soll sich schließlich verändern. Ich habe alles richtig gemacht.

Oberflächlich mag es bequem erscheinen, aber als Endkonsequenz bringt es für Sie Leid mit sich. Ihre Gefühle sind an die vergangene Beziehung gebunden. Daher fühlen Sie sich unfrei für etwas Neues. Ihre alte, nicht verarbeitete Partnerschaft wird Sie überall hin verfolgen. Die unangenehmen Erfahrungen können verdrängt werden, aber Ihre Seele vergisst nicht. Sie wartet auf Heilung.

Auch als verlassener Partner/verlassene Partnerin tragen Sie Ihren eigenen Anteil am Scheitern der Beziehung bei. Eine Reflexion, eine selbstkritische Aufbereitung ist klärend und hilfreich. Möglicherweise können Sie diese Erfahrungen auch nach Jahren als Lernprozess betrachten, der Sie stärker werden lässt.

Entschließen Sie sich, in der Rolle des armen Opfers zu bleiben, dann bleiben Sie in ihrer Vergangenheit gefangen. Versuchen Sie mit der Zeit, Ihren getrennten Partner/Ihre getrennte Partnerin loszulassen, damit Sie frei für eine eventuell neue Beziehung werden. Bleiben Sie unabhängig davon, wie Ihr ehemaliger Partner mit der Verarbeitung der Beziehung umgeht. Die Entscheidung ist immer freiwillig, jeder Mensch ist für sich selbst verantwortlich. Erst dann haben Sie Frieden gefunden.

Das ist ebenfalls auch das Beste für Ihr Kind. Der geschlossene Frieden mit dem Partner/der Partnerin ermöglicht Ihrem Kind den direkten Weg zur Mutter oder zum Vater. Es kann nun ohne schlechtes Gewissen, ganz frei, seine Mutter und seinen Vater lieben. Darüber hinaus besitzt es alle Kräfte beider Elternteile und kann sich somit zu einer freien Persönlichkeit entfalten.

Vertiefende Literatur zum Thema Auseinandersetzungen und Heilung als Paar finden Sie im Anhang dieses Buches.

Praktische Fragestellungen bei Trennungen

Nachdem Sie auf den vorherigen Seiten einige Grundlagen für einen konstruktiven Trennungsprozess gesammelt haben, geht es in diesem Kapitel um ganz praktische Fragestellungen.

Ein Elternteil zieht aus

Falls Sie sich als Paar getrennt haben, bedeutet das für Ihr Kind erst einmal eine große Verunsicherung. Der gewohnte und sichere Lebensraum verändert sich. Ein Elternteil zieht aus in eine neue Wohnung. An dieser Stelle wird allen Beteiligten schmerzhaft deutlich, dass diese Familie im vorherigen Sinne nicht mehr existiert. In dieser für alle Beteiligten leidvollen Phase braucht Ihr Kind unbedingt beide Elternteile: Mutter und Vater. Sollte Ihnen gelingen, für Ihr Kind da zu sein, kann es die Trennung gut verarbeiten.

Wie sage ich es meinem Kind, dass wir uns trennen?

Vor diesem Gespräch haben die meisten Eltern große Angst. Wie sage ich es meinem Kind? Welche Worte wähle ich?

Versuchen Sie, es Ihrem Kind altersgerecht zu erklären, dass Sie sich trennen. Erklären Sie ihm, dass es nichts mit ihm zu tun habe. Denn viele Kinder fühlen sich verantwortlich für die Scheidung der Eltern. Sie können ihm erzählen, dass Sie sich nicht mehr verstehen und sich deshalb trennen wollen. Gehen Sie nicht ins Detail. Grenzen Sie sich bei intimen Fragen ab, denn diese Themen betreffen nur die Erwachsenen, also ihre Paarebene.

Zu intime Darstellungen ihres Konflikts belasten das Kind und überfordern es.

Versichern Sie ihm, dass Sie seine Mutter und sein Vater bleiben und nach wie vor erreichbar sind.

Es werden Tränen fließen. Ihr Kind darf traurig sein. Sie und Ihr Partner/Ihre Partnerin können ebenfalls ihre Gefühle der Trauer zulassen, denn es ist und bleibt für alle Beteiligten eine schmerzhafte Phase. Erst wenn der damit verbundene Schmerz gelebt und verarbeitet wurde, ist mit der Zeit eine Heilung möglich.

Wie bereits erwähnt, braucht Ihr Kind Sicherheit. Sollte ein Elternteil die gemeinsame Wohnung verlassen, braucht es unbedingt Möglichkeiten, den Vater oder die Mutter erreichen zu können. Bei einem neuen Wohnungsbezug würde es sich über ein eigenes Zimmer freuen. Nehmen Sie sich immer wieder Zeit, mit Ihrem Kind zu sprechen, ohne den anderen Elternteil im schlechten Licht erscheinen zu lassen.

Ein neuer Lebenspartner kommt hinzu

Vielleicht ist jetzt einige Zeit vergangen und Sie haben neue Lebenspartner gefunden. Wieder beginnt für Ihr Kind eine Phase der Veränderung.

Sollten Sie als Frau einen neuen Partner gefunden haben, mit dem Sie gemeinsam leben möchten, dann ist es wichtig zu wissen, dass der neue Partner nur der gute Freund Ihres Kindes sein darf und nicht der bessere Vater. Es hat nur einen Vater und der ist richtig, selbst wenn er einige Unzulänglichkeiten hat. Das Gleiche gilt auch für den Mann. Die neue Lebenspartnerin darf sich auch nicht als bessere Mutter beweisen wollen. Im Extremfall entbrennt ein Wettstreit auf Kosten Ihres Kindes.

MERKE

Es gibt für Ihr gemeinsames Kind nur EINE Mutter und nur EINEN Vater, also seine Eltern.

Das Leben in einer Patchworkfamilie

Falls die Lebensumstände Sie zur Bildung einer Patchworkfamilie veranlasst haben, gibt es einen ganz wichtigen Punkt zu beachten:

Alle Beteiligten brauchen eine Ordnung, damit sie sich nicht in diesem großen Beziehungsgeflecht verlieren.

Besonders Ihr gemeinsames Kind muss genau wissen, wo seine Wurzeln und sein Platz sind. Ansonsten wird es verunsichert und verliert den Boden unter seinen Füssen.

Ganz gleich wie die Lebensumstände sich verändern, Sie bleiben immer die Eltern, Mutter und Vater, für Ihr Kind.

Hier ein stellvertretendes Beispiel, welches für beide Geschlechter gleich zu beachten ist:

Das Paar hat sich getrennt. Der gemeinsame Sohn lebt bei seinem Vater. Dieser hat eine neue Lebensgefährtin gefunden. Gemeinsam mit deren zwei Söhnen aus einer anderen Beziehung gründen sie eine Patchworkfamilie.

Die neue Partnerin sollte nur eine gute Freundin für den Sohn ihres Partners sein. Sie kann dem Kind Liebe schenken, es versorgen, mit ihm spielen, vielleicht auch das geben, was die leibliche Mutter nicht geben kann

Bleibt sie in der Rolle der guten Freundin und lässt dem Kind seine Mutter so wie sie ist, bedeutet es für die kindliche Seele eine absolute Bereicherung. Es kann sich somit positiv und reich beschenkt entwickeln.

Dieses Beispiel gilt auch für den neuen Lebensgefährten der „Patchworkmutter". Der frühere Partner bleibt der Vater seiner Söhne. Im positiven Fall haben die beiden Jungs noch einen zusätzlichen Freund gefunden, der sie ebenfalls hilfreich in ihrer Entwicklung unterstützt.

Fatal wird es allerdings für alle Beteiligten, wenn ein Wettstreit entflammt.

Wenn der/die neue Lebenspartner/in die bessere Mutter und der bessere Vater werden wollen, dann verliert die Familie die Orientierung und es endet in Verstrickungen und Streit.

Für die neuen Lebensgefährten gilt auch der Grundsatz, die Eltern des Kindes nie in einem schlechten Licht erscheinen zu lassen. Auf einen einfachen Nenner gebracht heißt das, nicht abfällig oder schlecht über die Mutter und den Vater zu sprechen. Nach Möglichkeit verhalten Sie sich neutral.

Meine letzten Ausführungen möchte ich allen Alleinerziehenden widmen.

Alleinerziehende

Leider geschieht es in den letzten Jahren immer häufiger, dass Familien auseinanderbrechen. Dass sich Paare trennen und die Kinder bei einem Elternteil wohnen und aufwachsen. Statistisch gesehen sind es meist die Frauen, die dieser Aufgabe nachkommen. Im Idealfall trägt der Vater weiterhin zur Erziehung seines Kindes bei. Vereinbarungen wie beispielsweise der Wechsel von Wochenendbetreuung und gemeinsame Ferien mit dem jeweiligen Elternteil geben den Kindern ein Gefühl von Sicherheit. Darüber hin aus ist es ein schönes Gefühl für Kinder, den Kontakt zum Vater auch im Alltag leben zu können – ihn anrufen und treffen zu können, um vielleicht einen Ratschlag einzuholen.

Einige Leserinnen werden jetzt vielleicht denken: „Das wäre ja zu schön, um wahr zu sein! Mein Alltag mit dem Vater meines Kindes sieht komplett anders aus. Er kümmert sich kaum um das Kind. Er hält Versprechen nicht ein und überträgt mir die ganze Verantwortung. Ich muss arbeiten gehen, den Haushalt versorgen, die Hausaufgaben betreuen. Ich muss unser Kind trösten und es versorgen. Ich fühle mich alleingelassen."

Das ist bestimmt eine sehr schwierige Lebenssituation. Ich bewundere und achte diese große Stärke von Müttern und die große Liebe für ihr Kind.

Ich kann an dieser Stelle nur noch einmal den Hinweis geben, über meine geschilderten Erfahrungen aus der Praxis mit anderen Müttern nachzudenken. Auch wenn es Ihnen unsagbar schwer fällt, verlieren Sie die positiven Eigenschaften des Vaters ihres Kindes nicht ganz aus den Augen.

In manchen Fällen werden diese Anteile verschwindend klein sein. Versuchen Sie es trotzdem für Ihr geliebtes Kind.

Im Laufe der nächsten Monate und Jahre wird Ihr Kind Ihnen dafür sehr dankbar sein. So hatte es die

Chance, seine Mutter und seinen Vater ohne Schuldgefühle lieben zu dürfen. Es ist FREI.

Seine Möglichkeiten sind zwar durch die familiäre
Schicksalsgemeinschaft begrenzt, aber es hat auf jeden
Fall die Möglichkeit, das zur Verfügung stehende
Wachstumspotenzial auszuschöpfen.

Ich wünsche ihnen, als Mutter und Vater, den Blickwinkel zu verändern und somit Wachstum und Heilung in Ihre Familie zu bringen, zum Wohle aller Beteiligten!

Falls Sie Fragen haben, einen Entspannungskurs bele-
gen möchten oder an einer Weiterbildung in Auto-
genem Training und Memo-Training für Kinder
teilnehmen möchten, können Sie Ihre Anfragen an
folgende Adresse(n) richten:

Elke Fuhrmann · Grund 6 · 42855 Remscheid
oder Weststraße 50 · 42119 Wuppertal

Anfragen werden nur mit Rückporto beantwortet.

Schlusswort

Zum Abschluss dieses Buches hoffe ich, dass ich Sie auf ihrem schmerzhaften Weg der Trennung als Paar und als bleibende Eltern unterstützen konnte.

Mein Ziel war es, mit großen Respekt und tiefer Achtung vor Ihrer Elternschaft dieses Thema zu behandeln. Das neue Leben, das Sie gemeinsam Ihrem Kind geschenkt haben, mit seinem Familienschicksal, mit den vielfältigen Eigenschaften seiner Eltern und Ahnen, aber auch mit seinen Grenzen aufzuzeigen.

Ihren Blickwinkel zu erweitern auf die vielen Einflüsse, die in Ihr Familiensystem und somit auch auf Ihre eigene Person einwirken.

Vielleicht konnte ich Sie berühren oder nachdenklich stimmen.

Der Weg der Heilung beginnt immer bei mir selbst. Verändere ich mein Verhalten, muss der andere Kommunikationspartner seine Verhaltensweise ändern.

Warum nicht mal über seinen Schatten springen, um zu versuchen, etwas zum Positiven zu verändern?

Auch wenn die Schritte winzig klein sind – versuchen Sie es!

Die Liebe zu sich selbst, zu Ihrem Kind und später der Frieden zum Vater oder zur Mutter Ihres Kindes ist ein befreiendes und ganz wunderbares Gefühl.

Ich möchte Sie ermutigen, es einfach mal auszuprobieren!

Weiterführende Unterstützungsangebote

Manchmal kann es für Sie, Ihren Partner und Ihr Kind unterstützend sein, wenn Sie sich professionelle Hilfe suchen.

Hierzu einige Tipps: Wenden Sie sich an städtische, evangelische oder katholische Erziehungsberatungsstellen. Oder suchen Sie einen Familientherapeuten, Paartherapeuten oder systemisch arbeitende Psychotherapeuten auf.

Die Adressen finden Sie in Ihrem jeweiligen örtlichen Telefonverzeichnis.

Nützliche Adressen im Internet:
Elternberatung der Bundeskonferenz für Erziehungsberatung e.V., www.bke-elternberatung.de
Katholische Erziehungsberatung e.V., www.erziehungsberatung.net
Deutscher Caritasverband e.V. – Mein Kind braucht Hilfe, www.caritas.de

Literatur

Ich möchte an dieser Stelle einige Bücher zur Vertiefung empfehlen:

Gray, John: Männer sind anders. Frauen auch.
  Goldmann
Zurhorst, Eva-Maria: Liebe dich selbst und es ist egal,
  wen du heiratest. Goldmann
Hellinger, Bert: Ordnungen der Liebe.
  Carl-Auer-Systeme-Verlag
Ulsamer, Bertold: Ohne Wurzeln keine Flügel.
  Goldmann

Bei humboldt sind weitere Bücher zum Thema
erschienen:

Doris Heueck-Mauß, Das Trotzkopfalter
  (ISBN 978-3-89994-187-6)
Katrin Hofer, Das Anti Quälgeister-Buch
  (ISBN 978-3-86910-603-8)
Nandine Meyden, Jedes Kind kann sich benehmen
  (ISBN 978-3-86910-602-1)

Hanna Holthausen, Coole Geburtstage
  (ISBN 978-3-86910-604-5)
Elke Fuhrmann-Wönkhaus, So entspannt mein
  krankes Kind (ISBN 978-3-89994-174-6)
Elke Fuhrmann-Wönkhaus, Mein Freund, der Baum
  (ISBN 978-3-89994-186-9)
Elke Fuhrmann-Wönkhaus, Zaubergarten und
  Lieblingswiese (ISBN 978-3-86910-606-9)
Ramona Jakob, Management Mama
  (ISBN 978-3-89994-171-5)
Barbara Link, Moderne Familienformen
  (ISBN 978-3-89994-168-5)
Armin Fischer, Alleinerziehend. Männlich. Gut.
  (ISBN 978-3-89994-215-6)
Rolf W. Meyer, Linkshändig?
  (ISBN 978-3-89994-129-6)
Yvonne Joosten, Klug durch Origami
  (ISBN 978-3-89994-130-2)
Gerhard Leibold, Ich werde Vater
  (ISBN 978-3-89994-857-8)
Elke Gerr, Das große Vornamenbuch
  (ISBN 978-3-89994-183-8)
Siegfried Kosubek, Angst und Aggression bei Kindern
  (ISBN 978-3-89994-075-6)

Elke Fuhrmann-Wönkhaus

So entspannt
mein krankes Kind

**Geschichten zum
Wiedergesundwerden**

Für Kinder ab 5 Jahren

**Mit praktischen
Anleitungen und Übungen**

Buch mit Audio-CD
96 Seiten, 14,5 x 21,5 cm
Broschur, ISBN 978-3-89994-174-6
€ 12,90

Diese Geschichten tun einfach gut! Beim Vorlesen finden Sie und Ihre Kinder Entspannung, Mut, Kraft und Abstand zu den Problemen. Gemeinsam betreten Sie für eine kurze Zeit eine heilere Welt. Die Erzählungen muntern auf und lassen eine kleine Oase entstehen. Ein Schatzkästchen, um schnell wieder gesund zu werden – mit vielen praktischen Anleitungen und Übungen.

- Entspannungstraining verständlich erklärt
- Fantasiereisen für Kinder
- Zum Vorlesen und auf CD

Die Autorin

Elke Fuhrmann-Wönkhaus ist Dipl.-Sozialwissenschaftlerin, Erzieherin und Psychotherapeutin. In ihrer eigenen Praxis bietet sie Kurse und Weiterbildungen in ganzheitlicher Entspannung für Kinder und Erwachsene an.

Elke Fuhrmann-Wönkhaus

Mein Freund, der Baum

**Entspannungstraining
mit Kindern ab 5 Jahren**

**Geschichten zum
Vorlesen oder auf CD**

Praktische Übungsanleitungen

3. aktualisierte Auflage

Buch mit Audio-CD.
96 Seiten, 17 Abbildungen
14,5 x 21,5 cm, Broschur
ISBN 978-3-89994-186-9
€ 12,90

Leistungsdruck, Stress und Reizüberflutung - schon Kinder leiden heute oft darunter. Sie können nicht wie Erwachsene Eindrücke und Erfahrungen verarbeiten. Spannungszustände, wie Aggressivität, Nervosität und Konzentrationsschwäche, sind die Folge. Dieses Buch hilft Kindern zu innerer Ruhe und größerem Selbstbewusstsein zu finden.

- Einfühlsame Entspannungsgeschichten
- Praktische Anleitungen und Übungen
- Zum Vorlesen und auf CD

Die Autorin

Elke Fuhrmann-Wönkhaus ist Diplom-Sozialwissenschaftlerin, Erzieherin und Psychotherapeutin. In ihrer Praxis bietet sie Kurse und Weiterbildungen in ganzheitlicher Entspannung für Kinder und Erwachsene an.